Problem&Polemic

PP選書

Problem&Polemic

│課題と争点│

ヘイトの言葉はこうしてつくられる

八木晃介
Yagi
Kousuke

批評社

まえがき

「言葉」というものを、辞書は次のように定義しています。「ある意味を表すために、口で言ったり字に書いたりするもの。語、言語」(『広辞苑』岩波書店)、「人の発する音声のまとまりで、その社会に認められた意味をもっているもの。感情や思想が、音声または文字によって表現されたもの。言語」(『大辞林』三省堂)。

この辞書的な考え方は、コミュニケーションの現実のありようを考えれば、明らかに一面的です。というのも、コミュニケーションは記号(身振り、表情、言葉、文字、映像 etc.)を媒介にした過程の総体を具現するものですから、言葉と文字にだけ限局するのは間違いなのです。

言葉による以外のコミュニケーション(nonverbal communication, paralanguage)には身振り、手振り、身体接触、顔の表情、視線、距離の取り方、話し方、抑揚等々が含まれますが、アメリカのある研究によれば、二者間対話においては、メッセージ(コミュニケーションの内容)の六五%は言葉以外の手段によるもので、言葉で伝えられるのは三五%にしかすぎないということです(M・F・ヴァーカス、石丸正訳『非言語《ノンバーバル》コミュニケーション』、新潮選書)。

むろん、身振り・手振りの大袈裟な欧米人と、そうではない東洋人との間の差は大きいようにも思われますが、この国でも「目は口ほどにものを言う」との俚諺が示すような事態はじゅうぶんにありえます。言葉に出さなくても、目の表情で相手に伝えることができる、あるいは、言葉でうまく誤魔化しても、目に本心が表れるというほどの意味です。象徴的相互作用論と呼ばれる社会学流派の始祖G・H・ミードなどは、いささか極端に、社会過程を進行させる根本式なメカニズムはgesture（身振り）であるとし、言葉を「音声身振り＝vocal gesture」として位置づけました（稲葉三千男ほか訳『精神・自我・社会』青木書店）。

とはいうものの、言葉（言語）それ自体の常識的な定義としては、上記の辞書的な説明でじゅうぶんかもしれません。つまり、「意味を表すもの」「意味をもっているもの」を言葉の主な属性と理解して、さほど問題はないように思われます。というのも、言葉と意識（意味付与機能）が常に同伴するものであること、このことは間違いない事実だからです。よしんば言葉と意識が逆走する場合でも、その両者が密接に繋がって同伴しているがゆえの逆走とみるべきでしょう。

それはそれとして、しかし、言葉がになうことになっている「意味」とは何か、という問題になると、ことはさほど単純ではありません。前記のミードなどは、人間が相互作用を営むためには通常、人間が〝意味あるシンボル〟を共有している必要があるとしています。意味あるシンボルというのは、相互作用への参加者の全員が、そのシンボル（ここでは、言葉）の使用の実践的帰結を事前的にかなりクリアに理解しているシンボルのことを指しています。一番わかりやすい事例でいえば、専門家同士が専門語（一種のジャーゴン）で語り合う場面です。彼らはある意味で特例化した文脈において意味あるシンボルであるような用語を用いますが、それは一定の意味あるシンボルを自分と相手との間でシェアしているという一種の〝集団安全保障〟の能力に依存していることを示しているはずです。

このことを別の表現でいえば、たとえば「文化資本」といった概念で有名な社会学者Ｐ・ブルデューは、人間が言葉を話したり、身振り（ジャスチュア）で行動したりする形態は習慣化された方法（ハビトゥス）によって生みだされるとし、そのハビトゥスには社会階層的な背景と相関しているはずの〝言語の使い方を示す指標〟のようなものが含まれているに違いないと考えました（原山哲訳『資本主義のハビトゥス』藤原書店）。大学の校門を出るときに「ごきげんよう」というか、「あばよ」というか、それもまた一つの指標になるかもしれません。

ところで、一般意味論といわれる領域が示唆しているのは、言葉がそれ自体として意味をもっているのではなく、その言葉をやりとりする人々が意味を保有しているということであり、人々はこれらの意味を一定のシンボル（言葉）にあてはめているにすぎないということです。コミュニケーション論の文脈で言えば、意味はメッセージの中にはなく、メッセージをやりとりする人々の中にあるということになりましょう。卑近な例でいえば、「おまえはなんと頭のよい人間だ」という言葉にみられる両義性（称賛と嘲罵）です。罵られているのに褒められていると誤解しないのは、その場での両者の関係性や、それまでの会話の文脈が相互理解的に作用するからです。

すでに記したように、ある人が一つのシンボルにあてはめる意味は、多くの場合、その人の社会的背景に依存している、もしくは社会的背景を反映している、さらには社会的背景に規定されているといえましょう。資本家と労働者とがシンボルにあてはめる意味が大きく異なるであろうことは自明であり、ゆえに同じコンセプトを表現するために資本家と労働者とによって用いられるシンボルもおおきく異なる可能性があります。ここで分かることは、人々の発話の社会的な受容能力が、場合によっては、ある種の差別の源泉になるかもしれないという点です。

ここまでくれば、問われるべきは「意味の意味」であるということが分かろうというものです。意味がそれ自体として存在するのではなく、いわば関係の結節点として存在するとすれば、問題の焦点が「関係の結節」のありように集中するであろうことは見やすいところです。関係の結節点に「意味の意味」を見出そうとするのが、本書のさしあたりの目標です。

関係の結節のありようを考える場合、丸山圭三郎の次のような重要な指摘も考慮に入れなければなりません。「近代以降を例にとれば、個別言語のもつ〈意味〉は各人が自発的に創出するものではなく、国家レベルの公教育やマス・コミ文化によって教えられ与えられるものでしかない。言語が制度であり権力でありドクサであると言われるのは、この点においてであり、私たちの言語＝意識は、いわば社会的に登録ずみの既成の意味の完全なる支配下にある」（『社会学事典』弘文堂）。

端的にいえば、国家権力（国権）の言説に対峙すべき人権的言説がしばしば苦闘しなければならないのは、国権が強大であるということに加えて、国権的言説を打倒して人権的言説を展開すべき私たちの内部にすでにして国権的言説が巣くっている、そうであるがゆえに、私たちは私たちの外部と内部の両方に二重対峙しなければならないからです。差別表現や、その極限的展開ともいうべきヘイト・スピーチの内実を「社会的に登録ずみの既成の意味」と言い切っては過言になりますが、しかし、本質的には同様の問題性のもとにあるといえましょう。

コミュニケーションはいうまでもなく、記号を媒介とする相互作用過程を意味しますが、そのことの内実を整理すれば、①コミュニケーションは記号（身振り、表情、言葉、文字、映像など）を媒介にした過程である②情報が移動するのではない。「伝達」は意味の共有だが、それは近似的なものにすぎない③コミュニケーションは相互作用であり、一方的な過程ではない④コミュニケーションの意味を決定するのは「受信者＝受け手」の反応である⑤コミュニケーションは反省的な過程である――ということになります。しかし、現実社会で展開されるヘイト・スピーチに接すると、思いは相当に複雑にならざるをえません。

というのも、既述のミードのコミュニケーション論においては音声身振り（言葉）の特異性として、発信者の言葉は相手（受信者）に聞こえるように自分にも聞こえる、という点があげられているからです。つまり、相手に引き起こす反応を同時に自分自身にも引き起こすものが言葉であって、そうした他者の反応を自分の内部に摂取できるのが媒介物である言葉であるということになるのです。このような仕組みにおいて、人間は自分の言葉の意味を意識化でき、そこから自我意識が発生するというのがミードの考え方です。自我があってコミュニケーションできるのではなく、コミュニケーション・プロセスから音声身振り（言葉）を媒介に自我が生じるという次第です。だが、はたしてヘイト・スピーチの発話者にこのミードの図式が妥当するかどうか、きわめて微妙かつ疑問であって、本書ではこうした点にも議論を進展させたつもりです。

私たち人間はさながら言葉（言語）の海を泳ぐ魚に似ているのではないか。海を泳ぐ魚から海をとりあげれば、魚はたちまちにして干上がってしまいます。同様に、私たち人間が依存している言葉（言語）のコンテクスト（関係性と状況的文脈）を取り去ってしまえば、私たち人間はもはや認識的存在たりえなくなるはずです。本書の各章のテーマはバラバラに見えますが、私は、すべてのテーマが、いささか抽象的に記したこのまえがきの問題意識に連結していると考え、一冊にまとめることにしました。

ヘイトの言葉はこうしてつくられる＊目次

第1章　言語にとって醜とはなにか

1．はじめに

本稿の表題が、吉本隆明著『言語にとって美とはなにか』全二巻（勁草書房、一九六五年初版）の一種のパロディでしかないことはいうまでもありません。私の学生時代、吉本はなおも青年層の知的ヒーローであり、私も大学三年生の頃に出版された同書をさっそく買い込んで読破を試みましたが、無駄でした。吉本独自の造語がほとんど概念規定もないままに多様に散りばめられていて、きわめて難解。ただ、当時、理解できた（と思った）のは、「文学は言語で創った芸術だ」との託宣（言語論ではなく文学論としての託宣）と、マルクス主義における反映論への批判という二点でした。もはや読み返す気もないので、私の理解が正しかったか否かを検証すべくもありませんが。

「文学は言語で創った芸術」は、J・P・サルトルにおける次のような言説にリンクする発想法です。「人は意味を描かない。意味を音楽に与えはしない。このような条件のもとで、誰があえて画家または音楽家にはっきりした社会的立場をもとめるだろうか。逆に、作家の仕事は意味に係わっている」（加藤周一訳「書くとはどういうことか」、加藤・白井健三郎共訳『文学とは何か』所収、人文書院、一九六二年、九頁）。〝意味〟の付与における作家と画家および音楽家との差異をサルトルはこのように書くのですが、しかし、たとえば、シベリウスの交響曲第一番やショパンのピアノ協奏曲第二番といった音楽、ピカソの「ゲルニカ」等の絵画を見聞きするとき、音楽家や画家が作品に〝意味〟を付与しなかったなどとは到底いえないと思います。

しかし、一方で、サルトルは詩と詩人については異なる解釈を呈示します。「詩は散文とは同じ仕方では言葉を使用しない。いや、詩はまったく言葉を使用しないのである。（略）詩人とは言語を使用することを拒絶する人間である」と（同頁）。こちらはよく分かります。私は最近、必要があって、同志社大学留学中に治安維持法違反容疑で逮捕・起訴され、獄死した朝鮮人詩人・尹東柱《ユンドンジュ》の詩集を読んだのですが、その詩の言葉はまるで抵抗詩人的ではなく、弱々しくも優しいものばかりでした。思えば、詩の言葉のほとんどはメタファー（暗喩）なのですから、詩の〝意味〟は言葉そのものには存在しないとも言えるわけです。

吉本におけるもう一つの主張点は、K・マルクスが『経済学批判』の序言で提起した存在と意識をめぐる史的唯物論の定式への批判です。つまり、生産諸関係（土台＝下部構造）が法律的・政治的上部構造や社会意識の諸形態（言語を含む）を規定し、したがって、上部構造は下部構造の反映でしかないとする理論が反映論ですが、吉本はそれを批判し、言語は現実的な対象との一義的な関係をもたないと主張するわけです。たとえば、言語は目の前の海を直接的にではなく象徴的（記号的）に指示することができる、つまり、目の前の海に規定されて「海」が言語化されるのではなく、目の前に海がなくとも「海」は言語化されうるものだという発想です。そのこと自体は理解できますが、しかし、生来海を体験したこともなく、海についてのあらゆる情報から遮断されている人が海を感得することは至難であり、いきなり「海」なる言葉が提示された場合、それを象徴や記号としては把握できても、具体的・現実的な「海」を実感的に体験することはついに不可能ではないかとも思われるのです。

なにせ五〇年ほども前に読もうとした『言語にとって美とはなにか』なので、確言はひかえねばなりませんが、私の記憶に残るところをいえば、同書において、言語における美が何であって何でないのかについての明確な定義はなされていませんでした。表題と内容が一致しない書物は必ずしも少なくはないので、その点で吉本を批判するのは筋違い、または不当な言いがかりになるかもしれません。私としては、そもそも「美」なるものを定義することが可能なのかどうか、そこから考え始めねばならぬと感じています。

「美」は、「人権（人間の尊厳）」に似て、それ自体がきわめて抽象的であるがゆえに、非常に定義しづらい概念です。ただし、「人権」は抽象的概念であっても、あれこれの「人権侵害」は実に具体的です。同様に、「美」が抽象的であるのに対し、「醜」はあくまでも具体的です。それゆえ、私は大学での「人権総論」の講義において、「人権」を「人権侵害」のいわば残余概念として取り扱ってきたのですが、本稿においても「言語における美」を「言語における醜」の残余概念として位置づけ、議論を主として「醜」の部分に焦点化させて考えていきたいと思います。

2. 関係性と言語的「美・醜」

「言語における美」なる言表は、言語学者や哲学者の審美主義的傾向にはなじみやすいものですが、私のような社会学徒にはほとんどピンとこないものです。むろん、「言語における醜」も同様です。言語における「美・醜」はすべからく人間におけるそれに置き換えて考えられる必要があり、もっと言えば、人間関係を中心とする社会関係における「美・醜」に置き換えて考えられる必要がある、というのが私の基本的な捉え方です。

近代哲学において、ジョン・ロック以来、言葉は直接的には人びとの観念の記号であり、人びとが自分の想いを伝達し、互いに自分自身の心中の思想や想像を表現する道具であると考えられてきたと思います。たしかに、言葉はわたしたち人間の思考力とか感覚や行為の基本にあって、それらを支持しているものですから、当然のことに、言葉は交流（コミュニケーション）を生みだす媒体であるはずです。ただし、言葉がつねに日常生活世界における予定調和的な機能性を発揮するわけではありません。また、言葉がいつも合意・理解・和解の根源になっていたなどとも言うことはできません。言葉のコミュニケーションの力は、それらとは真逆の働き、つまり、誤認や不信、葛藤・対立の局面を際だたせるものでもあると思われます。否、それどころか、コミュニケーションはすべてのインター・パーソナルな不信・葛藤・対立の中心的な要素になる場合もあります。実際、コミュニケーションと葛藤との関連の道筋を次のように示すやり方もあります。①コミュニケーション行動はしばしば葛藤を生みだす②コミュニケーション行動は葛藤を反映する③コミュニケーションは葛藤の生産的または破壊的なマネージメントに対する伝達者である、と（J.L.Hocker &W.W.Wilmot,1985,*Interpersonal Conflict*,2nd ed.,Wm.C.Brown Pub.,p.12）。

実際、わたしたちは葛藤・対立において経験する相互作用について伝達しあう時に、よく用いる言語法として暗喩（メタファー）があることを知っています。暗喩とは、たとえば、「世界」を「舞台」と表現するようなものであって、あるものがあたかも他のものであるかのように語ることによって、一つのものを他のものに譬える方法です。いわゆる「詩」の言葉の大部分が暗喩からなりたっているのはそのためですが、むろん、暗喩が活動するのは詩の世界だけではなく多方面にゆきわたっています。その点で、暗喩は単にディスクールの装飾物などではなく、人びとが強い表現を試みるときに、おおむね必然的に用いられる表現法であるといえます。では、暗喩の役割とは何か。

S・I・ハヤカワによれば、言語には二重の仕事があるとされ、それを「情報的内包」と「感化的内包」として一般化しました。情報的内包とは「社会的に同意された〈非個人的〉意味」であり、感化的内包とは「その言葉が引き起こす個人的感情の雰囲気」であるとされます（大久保忠利訳『思考と行動における言語』第二版、岩波書店、一九六六年、第三刷、八二-八四頁）。もちろん、暗喩は後者、すなわち感化的内包のなかに位置づけられます。というのも、暗喩は非常にビビッドなエモーション、さらには強力なイメージを喚起するものであるからです。この暗喩が強い感化的内包をもち、言語的タブーに挑戦する場合も現実にありえます。

二〇一六年一〇月一八日、沖縄県東村高江に派遣されていた大阪府警機動隊員は、そこで米軍ヘリパッド（ヘリコプター離着陸帯。実は、オスプレイパッド）建設阻止闘争をたたかっている人びとに対して「土人・シナ人」発言を浴びせかけました（正確には、「ぼけ、土人が」とか、「黙れ、こら、シナ人」などと発言しました）。ここでは、紙数の関係で「土人」発言をのみ問題化します。

〝土人〟とは、『広辞苑』（岩波書店）によれば、「①その土地に生まれ住む人。土着の人。土民。②原始的生活をする土着の人種。③土で作った人形」を意味します。字面的には、「土人」の第一義的説明は「その土地に生まれ住む人」ということになりますが、機動隊員は「土人」を「沖縄に生まれ住む人」という情報的内包で表現したわけではもちろんなく、「原始的生活をする土着の人種」＝「異郷の未開な野蛮人」という意味に、さらに「まつろわぬ民」のニュアンスを加味した感化的内包のみを意識して表現したであろうことは想像に難くありません。いささか強引にいえば、「土人」は直喩的差別語でもあれば、暗喩的差別語でもあることになります。「その土地に生まれ住む人」が「異郷の未開な野蛮人」に換喩されるには、「土人」なる暗喩が絶妙な用語となるからです。

「土人」用語が法律用語として存在した事実は、一八九九年制定の「北海道旧土人保護法」に見るとおりです。「アイヌ文化振興法」が制定された一九九七年まで「土人」用語は生きていたのであり、この法によってアイヌ民族は土地を没収され、主たる生業である漁業・狩猟を禁止され、固有の習慣風習も奪われ、日本語使用を義務づけられるなど徹底的な同化を強いられたことは周知の事実です。アイヌ民族にそのような境涯をおしつけて、なお心の痛まぬ文化政策、それが「土人」用語に象徴的に示されているのです。

上記大阪府警機動隊員による〝土人〟発言は明らかに、本土の人間のなかに沖縄を「国内植民地」ととらえる視点が強固に存在することを示したものといえましょう。あたかもアメリカ植民政府の西部開拓（侵略）時代に、騎兵隊員が先住民（ネイティヴ・アメリカン）を〝インディアン〟と呼びならわし、その殲滅に邁進した政治的にすぎる心的な位相と完全に共通するものがあります。このような視点は、当該機動隊員のみならず、安倍晋三首相や松井一郎大阪府知事（当時）、それに鶴保庸介沖縄・北方担当相（当時）にも共有され、ゆえに安倍や松井は機動隊員を称賛し、鶴保は〝土人〟が差別語であることを認めなかったのです。

前記J.L.HockerとW.W.Wilmotは暗喩の機能を次のように示しました。①暗喩はすべてのディテールを事細かに書くようなメッセージの必要性なしに、一つの出来事についてのコンパクトなバージョン（見解）を提供する②暗喩は人びとに名状しがたいような特性の叙述を可能にする。言葉では出来事への意味付与が困難なときに、リアリティの表出を可能にする、と（同頁）。

ここで判然とさせておくべきことは、強い言語的タブー（たとえば、差別語）にかかわる暗喩の機能性に問題があるというよりは、むしろ、そうしたタイプの暗喩の絶妙性をコミュニケートし合える人びととの関係性にこそ問題があるという点です。くだくだしい叙述の要がなく、意味付与しにくい状況にリアリティをあたえる、そのようなレベルでの言葉の問題です。ここで想起されるのが、廣松保の次のような指摘です。「論者たちは事象そのものへの研究に向かう代わりに、まずは当の事象がどのように言語表現されているかに目を向け、その言語表現が世間でどのように使用されているかを分析し、それで一段落としてしまいがちである」（『もの・こと・ことば』勁草書房、一九七九年、九三頁）。言語表現の方法とその使用の分析で一段落してしまわないために、私としてはやはり、言語表現の当事者の関係性に注目することが事象そのものへの考察に繋がる道筋ではないかと感じます。

一般意味論においても、また社会学の象徴的相互作用論においても、言葉それ自体が意味をもっているのではなく、ただただ人びとが意味を保有しているということ、そして人びとはこれらの意味を一定のシンボル（言葉）にあてはめているにすぎない、という点で共通しています。象徴的相互作用論の元祖ともいうべきG・H・ミードは、「言語が運搬すると思われるものは、さまざまな個人の経験のなかで、多少とも一致している一定の内容に対応する一組のシンボルである」と述べています（稲葉三千男ほか訳『精神・自我・社会』青木書店、第一版第九刷、一九八四年、六一頁）。つまり、人びとが相互作用を営むためには、通常、人びとは意味あるシンボルをもっている必要があるということです。有意味シンボルとは、相互作用への参加者が、その相互作用の実践的帰結に関して、かなりクリアに理解しているはずのシンボルを意味します。

ただし、ある人が一つのシンボルにあてはめる意味は、その人の社会的背景に依存しているということも、当然、考慮しなければなりません。たとえば、大阪府警機動隊員が「ぼけ、土人が」と罵った事件のあと、沖縄県東村高江の闘いに連帯している沖縄の人びとが「オレたち、土人としては…」と力強く発言しているのを聞いたことがあります。ここに見られるのは、見事なまでの意味逆転です。〝まつろわぬ民〟であって何がわるいか、という一種の居直り型のアイデンティティ・コントロールとして、私はこの発言を受けとめました。「土人」用語は、それ自体として差別的に「醜」なるものですが、沖縄の人びとはアイデンティティ・コントロールという戦略を武器に、この「醜」なる言葉を思想的に「美」なる言葉に転換したとも言えるわけです。先に、人がシンボルにあてはめる意味はその人の社会的背景に依存していると記しましたが、まさに社会的背景こそが人のアイデンティティ・コントロールのありようを規定するのだと私は考えます。

G・H・ミードはまた、次のようにも記しています。「われわれは、とくに有声身振り（言葉のこと。筆者注）の使用によって、たえず自分自身のなかにわれわれが他の人びとによびおこす反応をひきおこし、そうすることで、われわれは他の人びとの諸態度を自分自身の行為のなかにとりいれている」と（前掲書、七六頁）。大阪府警機動隊員の差別発言は、むろん、発言者の主観的意図にはなかったにせよ、この差別発言が沖縄の人びとの内面にいかなる反応を引き起こすかを事前に予感しながら、その予感にもとづく弾圧行為（全然根拠のない公務執行妨害や道路交通法違反の適用）の正当性に満足するという、そのような内実を含んでいたのではないかとも思われるのです。

ミードは、続けて、次のように記述しています、「人間の経験の発達において、言語のもつ決定的な重要性は、言語刺激がそれを聞く人に作用するのとおなじように、それを話している人びとにも作用するという事実にある」と（同頁）。むろん、一般論としてはそのとおりでしょうが、ここで言われている発話と受話との相互作用が、差別発言をする人、ヘイト・スピーチをする人にもあてはまるかどうかには多少とも疑問があります。差別語やヘイト・スピーチは、相互性を拒否するタイプの〝言語的マスタベーション〟の位相に近いものであるように思われます。というのも、その種の言葉は、他人が自分の自我に反応するのと同じように自分自身の自我に反応していくプロセスとは無縁であると言わざるをえないからです。ことほどさように、関係性の有無を無視した言語には、有意味的な発展が期待できないということなのだと私は考えています。

3．ヘイト・スピーチとサド・マゾヒズム

「怒りは、本能でも習慣でも、推理による計算でもなく、葛藤の性急な一解決であり、難問即決の一方法とされる」とする中村雄二郎の説に殊更の目新しさはありませんが、「言語にとっての醜」を社会（心理）学的にかんがえる場合にはおおむね同意できます（『現代情念論・人間を見つめる』新装版、勁草書房、一九八〇年、三九頁）。

心理学でいうところの「欲求不満→攻撃性」仮説に上記中村も立脚しているようです。ただし、欲求不満による怒りや緊張、それに不安の経験によって生みだされる（自我）防衛機能が必ず、例外なく、攻撃性を結果するかどうかには法則性がなく、したがって、どこまでも仮説として取り扱わざるをえないのですが。また、欲求の充足が外部的に阻止されている場合と、主に無意識的に主体自身が阻止している場合とでは反応行動の質もおのずから異なるはずです。欲求不満は、一般に、（被）剥奪の主観性に由来します（時には、客観性に由来することもあるかもしれません）。やらねばならぬこと、やりたいこと等の実践があまりにも困難なとき、そしてそれに適応した、よ

りマシな行為を選択しえぬとき、爆発した心的エネルギーはさほどの心理的緊張をともなわない、よりマシではない（ときには唾棄すべき）行為の形をとって昇華されるという次第です。このことは、この国における部落問題や米国の黒人問題でしばしば言説化される「逆差別」論にもみられる事柄です。その場合、攻撃性の喚起力は「絶対的剥奪」（全面的に奪われている）においてより、むしろ「相対的剥奪」（ちょっと足りない）において強力であるようです。上記中村はこのことを、次のように記述しています、「怒りにおいては（略）、自我の深層と表層とを分けている障壁、ふだんは深層の人格による動作の調整と自己統制とを保証している障壁が、また、現実と非現実との間にある障壁が弱まってくる」と（四二頁）。中村の言う〝障壁〟が極度に弱体化ないし不在化したときの極端な言語的展開は次のような一連の文言において具現してくることになります。

「より強いものは支配すべきであり、より弱いものと結合して、そのために自分のすぐれた点を犠牲にしてはならない。ただ、生まれつきの弱虫だけが、このことを残酷だと感じるにすぎない」（アドルフ・ヒトラー著『わが闘争』上巻、平野一郎・将積茂共訳、角川文庫、一九七三年、四〇五頁）。

「人種についての法則を誤解し、軽蔑する人間は、かれのために予定されたと思われる幸福を現実に失う。かれはもっともすぐれた人種の無敵の進軍を妨害し、そのことによってまた、すべての人間的進歩のための前提条件を妨げるのである」（四一二頁）。

「この世界では、よい人種でないものはクズである」（四二一頁）。

「アーリア人種に、もっとも激しい対照的な立場をとっているのはユダヤ人である。（略）ユダヤ人は、今日では〈利口〉で通用しているし、またある意味では、あらゆる時代にそうであった。しかし、かれらの知性は自分が進化した結果ではなく、他者をお手本の実物教授の結果である」（四二七頁）。

「ユダヤ民族は、あらゆる外見上の知性的特性をもっているにもかかわらず、なお真の文化、とくに自身の文化をもっていない」（四三〇頁）。

「ユダヤ人はうその名人であり、詐欺は闘争のためのかれらの武器である。あらゆるユダヤ人の中傷、あらゆるユダヤ人のうそはわれらが闘士の肉体が受け取る名誉の負傷である」（五〇〇頁）。

上記引用は、すべてヒトラーがアーリア人とユダヤ人とを対比して描写している部分ですが、ヒトラーと他のナチスの指導者たちは、ユダヤ人を〝有害人種〟とし、他の人種に寄生してその人種を弱らせる者として捉えました。ヒトラーの上記言説は暗喩というよりは直喩的な表現であったわけで、この言語的サディズムが、やがて時をおかずに実践的サディズムとしてホロコーストを結果したことは歴史上の事実です。アメリカ大統領ドナルド・J・トランプやフランス国民戦線のマリーヌ・ル・ペン党首等の右派政治家の野卑で愚劣で反知性主義的な差別排外主義の言動にも、いささかの、否、場合によっては相当に濃厚なサディズムの匂いが立ちこめています。

ところで、サディズムとマゾヒズムとは対極的な内実をもつものと一般的には解釈されており、実際にも、依存し苦悩しようとするマゾ的傾向と、他者を支配して苦悩させようとするサド的傾向とは正反対にみえますが、社会（心理）学者E・フロムはそれらを共棲（symbiosis）しているものとして把握しました。いわく、「心理学的には、この二つの傾向（サドとマゾ）は一つの根本的な要求のあらわれである。すなわち孤独にたえられないことと、自己自身の弱点から逃れでることである」と（日高六郎訳『自由からの逃走』、東京創元新社、一九六五年、第二四版、一七六頁）。なるほどマゾヒストは他者に依存する自虐性を特徴としますが、他方のサディストもまた依存させるべき他者存在に依存していることを思えば、両者の共棲性はじゅうぶんにありうることでしょう。そして、フロムは両者共棲のサド・マゾヒズム的傾向を「権威主義的性格」として一般化しました。つまり、サド・マゾヒズム的人間は、権威をたたえ、それに服従しようとすると同時に、みずからも権威であろうと願い、他者を服従させたいと願っているというわけです。サディストのチャンピオンというべきヒトラー自身、その著『わが闘争』において、しばしば自分自身のことを「とるにたりない人間」とか「名もない人間」と描写するなど、ある程度以上にマゾヒステイックでもありました。

唐突ながら、私はここで、ドストエフスキー『罪と罰』のラスコーリニコフ、同じく『悪霊』のスタヴローギンを思い出します。ラスコーリニコフはみずから強者たらんとして〝超人の哲学〟を編み出し、道徳や倫理を軽侮・無視して一般大衆を虫けらのごとく見下し、その哲学を実証すべく殺人を犯すのですが、しかし、計画外の殺人までしてしまったことで深刻な自己嫌悪と孤独に陥り、その哲学も瓦解します。一方、スタヴローギンも美貌と才能、それに経済力にも恵まれ、何一つ不可能なことはなく、また無神論者ゆえに許されぬことは何一つないと考え、あらゆる醜悪な行為をつうじて他者を滅亡させるのですが、それらの行為は彼を感激させず、また満足もさせず、悪行の度ごとに荒廃した空虚に責め苛まれます。ラスコーリニコフもスタヴローギンも徹底したサディストでありながら、サディズムをいわば行為的に究めれば究めるほどに、マゾヒスティックな自己に逢着しないではすまないという、そういうタイプの弁証法の体現者だったと私は解釈しています。

話をもどします。すでに述べた権威主義的性格ともっとも親和性があったのは下層中産階級（小さな商店主、職人、ホワイトカラー勤労者）であり、この社会層の間にナチのイデオロギーが熱烈に受け入れられた根拠がそれら下層中産階級の社会的性格にあったとして、フロムはその性格特質を次のように描写しました。「強者への愛、弱者に対する嫌悪、小心、敵意、金についても感情についてもけちくさいこと、そして本質的には禁欲主義というようなことである。かれらの人生観は狭く、未知の人間を猜疑嫌悪し、知人にたいしては穿鑿好きで嫉妬深く、しかもその嫉妬を道徳的公憤として合理化していた。かれらの全生活は心理的にも経済的にも欠乏の原則にもとづいていた」（二三四頁）。もちろん、フロムは社会を動かす原動力を社会的性格だけではなく、社会経済的条件およびイデオロギーにも求めたのであり、なによりも重要な指摘は、上記引用の最後にみられる「心理的・経済的欠乏原則」という問題です。

トランプ大統領の支持層が白人下層階級（プア・ホワイト）であったこと、ル・ペン党首の支持層が失業者の多い青年層であったことも想起されます。直近の仏大統領選時の様子をみると、各紙報道によれば、フランスの平均失業率は一〇％だが、青年層は二五％と異常に高く、この青年層のル・ペン支持率は約四〇％で、マクロンへのそれの二倍に達していたということです。社会経済的な被剥奪感にもとづく怒りやルサンチマン（怨恨）が往々にしてマイノリティ・グループへの差別排外イデオロギーとして激烈な言語表現（「朝鮮人を殺せ」「朝鮮人をレイプしろ」等々といったヘイト・スピーチ）をともなうことは、たとえばこの国の「在日特権を許さない市民の会」が具体的に示してきたとおりです。私は、この「在特会」の構成メンバー（正会員とメール会員を合わせると一万人を超えるらしい）の詳細な属性を知りませんが、彼らのデモを一度だけ目撃した経験からすれば、青年層が圧倒的に多いと感じました。さらに、「31歳、フリーター。希望は、戦争。」と題する赤木智弘の論考が雑誌『論座』（朝日新聞社、二〇〇七年一月号）に掲載されたときの衝撃を私はまだよく覚えています。戦争に希望を見出さざるを得ないフリーターの絶望的な怨恨と呪詛の深さ。一発逆転の状況変革には戦争という全面的カタストロフィの過程を通過しなければならないという情念、はなはだしく倒錯した、それでいて理解できなくもない情念の働きです。

ナチの言説、トランプやル・ペンの言動、それに在特会や赤木智弘の情念などを一括りにして「言語における醜」の結晶体を共通的に剔出しようとするのは、むろん、乱暴にすぎます。ヒトラー、トランプ、ル・ペン、在特会らは嘘を念入りに作り上げることの中に自分自身の真実を見出すようなタイプの性格構造の持ち主と思われますが、赤木の場合は「希望は戦争」という形の不正の創造者になっているにしても、そこには不正を追い越して不正をただそうとする形での〝不正の創造者〟をこころざしている内実を想像することが可能です。赤木の場合、例の秋葉原事件の加藤智大と同様、いわば〝真の敵〟がみえない状況にあったものと推察されます（実際、〝真の敵〟は滅多に姿を見せないものです）。本項の最後にサルトルの言葉を引用しておきます。

「反ユダヤ主義を賛美したよい小説が書かれるかもしれないと想像することは、誰にもできない。何故なら、私の自由が他のすべての人間の自由と断ちがたく結ばれていると感じるときに、その人びとのなかの何人かの奴隷化を承認するために私の自由を行使せよとは、何人も私に向かって要求することができないからである」（加藤周一訳「何故書くか」、加藤、白井健三郎共訳、前掲書、四六頁）。

4.「うわさ」の言説転換

わたしたちの日常生活世界における会話の内容は、大部分、とはいわないまでも、そのかなりの部分が「うわさ話」に占められているといっても決して過言ではないと思います。その内容はきわめて多様です。政治や政治家について、経済や社会について、芸能人や芸術家について、はたまた、隣人や友人について、等々。「うわさ」は一般に、とるに足りない下世話なものとか、逸脱的コミュニケーションの一形態であるとか、ともかく真面目な検討にあたいするような対象ではないと軽視される傾向がありますが、なかなかどうして、「うわさ」には非常に重要な社会学的、社会心理学的な問題がふくまれています。「うわさ」に類似する概念として「デマ」「流言蜚語」「風評」などがありますが、いずれも、人びとが相互に語り合うなかで自然発生的に構成されるコミュニケーションとして定義しうるれっきとした社会現象です。

「うわさ」についての代表的な社会学的研究は、よく知られているように、フランスの社会学者エドガール・モランの『オルレアンのうわさ』です。これは、一九六九年五月、パリから一〇〇キロメートルほどはなれたオルレアン（ロワール県の県庁所在地）で発生したという女性連続誘拐事件のうわさ。ユダヤ人経営のお洒落なブティックの試着室で、若い女性が催眠薬の注射を打たれたり、薬入りのボンボンを与えられて眠り込まされたりして、店の奥の地下通路を通って外国に売り飛ばされる、というのがうわさの中心内容でした。このうわさはたちまちオルレアン中に広まり、一種の集団ヒステリー状態を惹起しました。名指しされたブティック前には群衆が集まりマスコミが取り上げる。単なる〈うわさ〉が一つの事件として成立していったのです（杉山光信訳、みすず書房、一九九七年、第二版新装第一刷、二四‐二五頁）。

モランはこの「うわさ」事件が含む三つのテーマ、すなわち、女性誘拐、ユダヤ人、都市化現象を剔出し、この「うわさ」がこの三つのテーマによる複合的神話構造をもっていることを明らかにしました。その複合的神話構造の内実は以下のとおりです。第一に、保守的で伝統的な大人たちはブティックを危険視し、ブティックに象徴される都市化現象は若い女性にとって危険な自由化を意味すると考えていたこと。つまり、モダンな都市空間は、すなわち性解放の象徴空間であるという捉え方です。他方、若い女性もそうした性のひめやかさに惹かれていた。試着室＝密室のエロティックな象徴性と魅惑性です。さらに、そこにユダヤ人への古典的イメージが結合され、うわさに信憑性をあたえたという次第です。

もちろん、根も葉もない作話ですが、一方では「火のないところに煙は立たぬ」との信念構造も存在します。ただし、この事件の場合、「火」のあり場所は〈うわさされる側〉ではなく〈うわさする側〉であったわけで、要するに、曖昧な状況、新しい事態への漠然たる不安がうわさの火元になったという次第です。

モランの綿密な調査研究法（①ごく些細な事実も軽蔑することなく把握すること②語り手の関心の中心や、かぎとなる問題や人物、集団をすぐ見抜くこと）のなかでも、とくに対話（インタビュー）のやり方は重要です。被調査者が経験してきたとおりに出来事を語らせること、被調査者特有の態度、他の人々の態度を引き出すこと、それに、被調査者にとってユダヤ人とは何であるのかを聞き出すこと、これらをつうじてモランは問題の所在にかなり早い段階で到達しました。その手法は臨床的な社会学と呼ばれるべきものだと思います。そうした研究において、モランは「うわさ」への抗体（うわさを信じず、うわさを打倒しようとした人びと）にも言及し、それらを①被害者（ブティックのユダヤ人経営者）②ユダヤ人社会③政治的左翼の活動家たち（極左派、共産党、統一社会党、さまざまな社会主義派、左派キリスト者、その他の急進派など）④インテリゲンツィアの一部、としています（一二〇頁）。

オルレアンのうわさは、すでに見たように、性に関した不安・心配、現代化と反現代化との不安、都市生活の不安によって生気づけられたのですが、これらの不安がもつ自然な傾向について、モランは「さまざまな現実ばなれした空想＝妄想をかき立て、原始的なものに逃避先を求め、それ自身によって、追放と浄化のメカニズム、つまり犠牲の山羊をこしらえあげるメカニズムをひきおこしていくことなのだ」と記しています（一五〇頁）。犠牲の山羊＝ユダヤ人を作りあげて、そのユダヤ人がブルジョアの姿をとってミニ・スカートを売る誘惑者であるとするうわさはまるで中世的な幽霊を甦らせるような話ではありますが、この点についてモランは「（うわさの伝達者たちは）現代の中世をかれらなりの仕方で受け入れている存在である」と断定しました（一五八頁）。モランの指摘は、この国でおきた狭山事件（一九六三年五月一日に埼玉県狭山市で発生した女子高校生殺人事件）においても妥当するようです。地元住民、マス・メディア、警察のいわば三位一体型の動向が見事に犠牲の山羊を作りあげました。地元住民のうわさがマス・メディアと警察を踊らせ、その様子がまた地元住民のなかに新たなうわさを発生させるなかで、被差別部落への集中的見込み捜査が行なわれ、結果的に被差別部落出身者が〝犯人〟に仕立てあげられたのでした。

さて、うわさについての社会心理学の古典的な代表作は、G・W・オルポートとL・ポストマンの『デマの心理学』です。デマを「特殊な（あるいは時事的な）信念の叙述であり、人から人へ伝えられるもの、ふつうは口伝えによるもの、信じ得る確かな証拠がしめされていないものである」と定義したうえで（南博訳、岩波現代叢書、一九七六年、第一九刷、序文）、詳細にデマへの心理学的検討をすすめている労作です。

オルポートらは、デマの二つの基本的な条件として、①その話のテーマが、話し手にとっても聞き手にとっても何らかの重要さをもっていなければならないこと、②その本当の事実が何らかのあいまいさによっておおいかくされていなければならないこと、を指摘したうえで、デマの強さに関する有名な公式を提示しました（四一‐四二頁）。

$R \sim i \times a$

デマ（rumor）の流布量は、当事者に対する問題の重要さ（importance）と、その論題についての証拠の曖昧さ（ambiguity）との積に比例するというわけです。重要さと曖昧さとの積なので、そのどちらか一方、または両方がゼロであれば、デマは成立しないということになります。上記公式はたいていの場合に妥当性をもつものですが、オルポートらはこの公式を適用できない場合があることにも留意しています。たとえば、ある国民がゲシュタポの支配下のような厳重な監視下に立たされ、デマの流布に関して重い禁制が布かれているような場合には、人びとは多少とも自制するだろうし、デマは多くの場合、気心の知れた個人間でのみ伝わるので、相互にコミュニケーションがほとんどなされない、非常に雑多な諸集団に別れているような社会では、デマもその社会的境界を越えることはなく、したがって限られた流通範囲をもつにすぎないわけです。また、重要な事柄について、曖昧さのある場合、人はデマを信じたり、伝えたりしやすいものだということを理解している人びと、いわば〝デマ通〟の人たちは、デマに踊ることはないとも指摘しています（四三‐四四頁）。

さて、エドガール・モランの『オルレアンのうわさ』と、オルポート&ポストマンの『デマの心理学』をベースにしながら、ここでは、東京電力福島第一原子力発電所のメルトダウン事故（二〇一一年三月一一日〜現在）以来、さかんに流布された「風評被害」言説の問題性について議論したいと思います。風評とは「世間の評判。うわさ。とりざた。風説」（『広辞苑』）を意味する言葉なので、デマ、うわさ、流言蜚語とほぼ同じ意味合いをもっているといえます。

『週刊金曜日』（二〇一七年三月三一日付）に掲載された国際環境ＮＧＯグリーンピース・ジャパンの鈴木かずえによるレポートには心底戦慄させられました。政府が二〇一六年六月、二〇一七年三月三一日に福島県飯舘村の帰還困難区域を除いて避難指示を解除することを決めたことを受けて、グリーンピース・ジャパンは、飯舘村民が帰還して事故前の暮らしを続けた場合の生涯被曝線量を、調査を通じて推計した結果の報告です。具体的には、自宅周辺の現在の放射線量を測定して加重平均を求め、時間経過による線量低下を考慮しながら、この二〇一七年三月三一日から七〇年間の累積線量を推計するという方法。その結果、もっとも被曝線量の多い家屋では一八三ミリシーベルトに達したということです。この数字には事故直後の膨大な被曝量や今後の除染による放射線量の増減、森林からの放射線による再汚染、呼吸や食品などからの内部被曝等は含まれていません。この調査で個人名の明示を了解したＡ氏の自宅周辺の放射線量は累積線量で一〇七ミリシーベルト、被調査家屋の中では低い方ながら、加重平均でみると毎時〇・七マイクロシーベルトとなり、この値は放射線管理区域の基準（毎時〇・六マイクロシーベルト）以上に相当していて、Ａ氏自身は帰還しない決意を固めていますが、もし避難指示解除に従って帰還すれば、胸部Ｘ線検査を毎週受け続けるのと同程度に被曝することになるという結果でした。

写真月刊誌『DAYS JAPAN』（二〇一七年九月号）にもおそるべきレポートが掲載されていました。二〇一七年七月、フォトジャーナリスト・広河隆一は福島第一原発に近い国道六号線、同年三月に居住制限区域が解除された浪江町加倉馬場内地区などの放射線量を測定したのですが、国道六号線などは最高毎時一・九三マイクロシーベルト（これは車内測定値で、車外は車内の四〇％ほど高い）、浪江町でも最高毎時一・一二マイクロシーベルト、富岡町営球場付近は最高毎時一・〇四マイクロシーベルト等々、相当高度な汚染ホットスポットが存在したとのことでした。一八歳未満や妊婦の立ち入りが制限される放射線管理区域（毎時〇・六マイクロシーベルト）に指定される値をはるかに超える放射線量です。広河の写真で印象に残ったのは、飯館村のモニタリングポスト。ここには「お帰りなさい、首をなが〜くして待ってたよ」とのフレーズが書かれているのですが、そこに示された放射線量の値は毎時〇・三二マイクロシーベルトで、この数値は国が定める年間被曝限度（年間一ミリシーベルト＝毎時〇・二三マイクロシーベルト）よりも高いのですから、もう絶句する以外にありません。

以上に見たような調査は国も福島県も東電も行なっていません。いや、もしかすると実施しているのかもしれませんが、公表していませんし、そもそも帰還後の被曝リスクについてもまったく説明していません。私は以前から、避難指示解除や自主避難者への住宅支援の打ち切りなどによる帰還の指示・奨励が「棄民を前提にした悪質な人体実験」になる可能性について発言してきましたが（たとえば、私の月刊個人新聞『試行社通信』や、隔週連載している『毎日新聞』京都版でのコラムで）、まさしく今回の調査結果によって、恐ろしいことながら、棄民の状況がかなりの程度まで証明されたことになるとおもいます。

二〇一七年六月五日に公表された最新の福島県民健康調査報告書によると、福島県の小児甲状腺癌及び疑いの子どもは合計一九〇人になりました。一般に、小児甲状腺癌の出現率は一〇〇万人に〇～三人とされているので、受検者約四〇万人に一九〇人という福島県の数値はまさに驚愕すべき高さです。しかし、福島県などはいまでも福島第一原発事故と小児甲状腺癌の多発との関連性を認めていません。過剰な検査や精密なエコー検査の結果、多発しているかのようにみえるスクリーニング効果を強調して、原発事故との因果性を否定するのですが、しごく初歩的な疫学的常識からしても、到底納得できるものではありません。そこまで言うなら、たとえば福島から遠く離れ、原発をもたない沖縄県をコントロール（比較対照）にして、まったく同じ検査を実施して、福島の状況と同じであることを証明すべきなのですが、そうした比較研究が行なわれているかどうかもわかりません。

上記したところは、福島原発事故後の奇怪な諸状況の一端でしかありません。こうした非常に深刻な諸問題の存在についても、国や福島県、それに東電および原子力ムラの御用学者たちは、〝風評〟、すなわち復興を妨げ国策を妨害する、根も葉もない邪悪な言説として無視するという形の処理を続けているのです。

福島原発事故後しばらくの間、政府は放射線量について「ただちに健康に影響する数値ではない」と言い続けました。枝野幸男官房長官（当時）の記者会見でのこの言葉は今も私の頭の中で響き続けています。もちろん、その説明動機は政府の主観的願望でもあれば、パニック防止の苦肉の策でもあったでしょうが、「ただちに健康に影響する数値ではない」との言説は、まさにうわさ・デマ・風評を発生流布させる要素に満ちたものでした。原発事故による放射能漏れはゆゆしき重大事（importance）であるにもかかわらず、「ただちに健康に影響する数値ではない」とはきわめて曖昧な物言い（ambiguity）です。いったい、「ただちに」とはどの程度の時間の長さを意味するのか、また「健康に影響する」「影響しない」の閾値の数字はどれほどなのか等々について一切定義をしない曖昧さは、うわさ・デマ・風評を発生させ流布させる機能を十二分にはたしました。

枝野官房長官の「ただちに健康に影響する数値ではない」という記者会見での発言は、それをテレビやラジオで聞く人びとに、自分の胸の中にある感情的な緊張をやわらげ、正当化するような響きをあたえていたのだと推察されます。オルポートらは、この点について「人はデマを語ることによって、彼がある状況のもとで抱く感じを正当化し、彼自らと他人に向かって、そのように彼が感ずる理由を説明するのである」と記しています（四五頁）。「うわさ」はある意味で人間の感情の投射物だといっていえなくもありません。

問題は、しかし、国、福島県、東電、原子力ムラの住人たちが、枝野長官の曖昧模糊発言を風評と決して言うことなく、逆に、こともあろうに放射能汚染を問題視する議論の方を風評として片付けようとしてきたし、今もそのようにしているところです。原発の危険性をことあげする言説、放射能汚染の深刻さを指摘する言説は、原発事故とその影響をできるだけ過小評価し、原発の稼働・再稼働をすすめ、さらには原発の輸出をさえ画策する側にとって危険で不都合なものであるがゆえに、それらをすべて「風評」の領域に押し込み、問題所在の無化をはかるという次第です。いうなれば、「風評」言説の逆転現象です。

『週刊金曜日』における鈴木かずえレポート、『DAYS JAPAN』における広河隆一レポートは非常に緻密な実証研究にもとづくものですし、また、福島県民健康調査報告における福島県の小児甲状腺癌及び疑いの多発も疑問をさしはさむ余地のない事実そのものです。ここには「曖昧さambiguity」がまったくないのであって、それらの中に「うわさ・デマ・流言蜚語」を構成する要素というものは完全に不在です。他方、「ただちに健康に影響する数値ではない」との政府発表以降の当局側の言説は、たとえば、なおも濃厚汚染が継続する場への住民帰還を奨励・指示する政治的言説であって、真実性は希薄なのですから、こちらの言説こそが「うわさ・デマ・流言蜚語」であると判定せざるをえないのです。安倍首相が福島県産の果物を一齧りして「福島のものは安全で美味しい」などと発言したり、原発輸出をたくらんで、インドの首相に「日本の原発は世界一安全」などと商談を持ちかけたりするのは、安倍首相が乱発した結果、「忖度」とともに二〇一七年の流行語になった「印象操作」そのものであって、こうした安倍発言をこそデマゴギーというべきでありましょう。というのも、この場合の印象操作は社会的状況の定義を正反対にみちびくイデオロギー性をおびるものであるからです。「言語における醜」の最たるものであるというべきです。

エドガール・モランは、「うわさ」を信じない人の三つのタイプをあげていました。①うわさを信じた人の場合と同じように、個人的な関係（親族、友人）などに基礎をもち、信じなかった人びと。むろん、信じた人の場合とちがって、この人たちは決して想像の上で語られた証言を基礎としたのではなく、名指しにされたユダヤ人商店の人との関係を基礎としていた。②本当か嘘かを調べようという慎重さをもった人たち。③「人の語ったこと」の真実性からではなく、神話に内在する性格から、批判的に検討していった人びと（前掲書、九五頁）。これは非常に重要な指摘だと思いますし、特に①の関係性の指摘は決定的に重要だと思います。

うわさを信じた人も信じなかった人も、どちらも個人的な関係性に依存していたのですが、うわさを信じなかった人の関係他者が実に被害者ユダヤ人であったという事実は重要です。社会学的にいえば、人間（の思想や文化性）はすべからく〝関係の関数〟なのであって、いかなる他者を関係他者としてえらびとるかによって、いいかえれば、安倍首相に「重要な意味ある他者」性を感じるのか、それとも原発事故被害当事者や、その被害当事者によりそって実証研究をすすめる鈴木かずえ・広河隆一両人のような存在に「重要な意味ある他者」性を感じとるのか、それによって、うわさという「醜なる言語」を信じて踊らせられるか否かがある程度まで決定されるのです。

5. おわりに

本稿では、吉本隆明著『言語にとって美とはなにか』の書名にのみほんのわずか触発されながら、それとはほとんど無関係に、「言語における醜とはなにか」について、いくつかの主題を提出しながら概観してきました。これらの主題を点検するなかで、言語における「美・醜」が問題状況を構成するのではなく、人間関係を中心とする社会関係が問題状況を構成するということを明らかにしてきました。実際、一般意味論が示唆するように、言葉それ自体が意味をもっているのではなく、ただただ人びとが意味をもっているということ、そして、人びとはこれらの意味を一定のシンボル、すなわち、わたしたちが言葉と呼んでいるもっとも一般的なものにあてはめているにすぎないということも示してきました。ここで重要なことは、ある人が一つのシンボルにあてはめる意味は、たいていの場合、その人の社会的背景に依存しているという点でした。ある言表にであったときに、それがどのような社会的背景をもつ人のものであるかを真摯に落ち着いて考察する必要があるのです。

また、社会学のコミュニケーション論の領域においては、意味はメッセージのなかにではなく、そのメッセージをやりとりする人のなかにある、と考えます。「まえがき」で触れたように、「君はなんて頭の良い男だ」というメッセージについて言えば、このメッセージには少なくとも二つの意味がありそうです。一つは、相手を見上げて尊敬する意味、もう一つは、相手を見下げて軽蔑する意味です。多くの場合、軽蔑されているのに尊敬されていると誤解しないですむのは、両者の関係性、両者の置かれた状況、それまでの会話状況といった全体としてのコンテクスト（文脈）を両者ともに了解しているからです。問題は、その了解の内容にあります。真の合意的な了解なのか、それとも単なる打算のうえにつくりあげられた了解にしかすぎないのか、そこが明瞭でないかぎり、文脈が文脈の役割をはたさず、誤解がそのままに定着してしまうということもありうるわけです。こうした問題は、言語の人間的使用から生じる複雑なパターンの存在を示唆するように感じられます。

私が本稿に記したところは、問題布置のごく一部であり、とても全体を俯瞰できるようなものではありませんでした。ことに、前項（うわさ）については、より徹底した議論が必要であり、私は遠くない将来において、かならずより緻密な「うわさ」論を構築していきたいと決意しています。また、どのようにして人びとは会話の目的を遂げるのか、そして、一定の集団に所属する人びとがどのようにして自分たちの言葉が理解されるにちがいないと信じることができるのかといった特殊なディテールについても、私の今後の課題になると思っています。

第2章　ヘイト・スピーチの社会心理学

1．はじめに

言語は、いうまでもなく、人間にとって重要なメディアであります。この言語をあやつる人間固有の特性に焦点を合わせながら社会現象を解明しようとする場合、現今のこの国、否、世界において突出する社会問題として、いわゆる「ヘイト・スピーチ」問題を取り上げないわけにはまいりません。ヘイト・スピーチは一般に、「憎悪表現」と訳されますが、私としては「差別・排外煽動表現」と訳したいと思います（したがって、ヘイト・クライムも「差別・排外煽動犯罪」と訳すべきです）。

ここでは、ヘイト・スピーチをひとまず、「歴史的、社会的および構造的に差別・抑圧されてきた人種、皮膚の色、民族、宗教、国籍、社会的出自、性別、性的指向、障害の有無などの属性にもとづくマイノリティ集団に対して、その属性を理由に暴力や差別を煽動したり、当該集団や個人の尊厳を毀貶したりする侮蔑的な表現」と定義しておきます。

ヘイト・スピーチについてはすでにかなり学際的な研究が進められているのですが、社会学・

社会心理学領域での基本的な研究動向としては、まず集団関係の社会的文脈の問題がとりあげられ、次に政治問題（権力関係）としての偏見と差別、そして法律によるヘイト・スピーチの規制などが検討されてきたと思います。

本稿では、もちろん上記三点セットを意識し、それを前提としますが、私としては、これまでの多くの論者が信じてきたと思われる次のような想念に同調することはいたしません。つまり、ヘイト・スピーチがもつ差別排外主義的表現を、アブノーマルで非理性的なものとし、したがって普通の人びとが通常行なうようなものではないという捉え方、それを現実的な発想ではないと言いたいのです。すなわち、ヘイト・スピーチに従事する集団や個人の表現が、客観的には如何に醜悪で唾棄すべきものであろうとも、それらの集団や個人の主観においてはあくまでもノーマルなのである（少なくとも、そのように認識されている）という点は最低限おさえておく必要があると考えるのです。別言すれば、私は、ヘイト・スピーチは総じて権力にかかわる問題として認識しているということであり、ヘイト・スピーチにおける差別排外主義を権力の関係性として捉えるということです。

また、ヘイト（憎悪）それ自体が人間の基本的な、つまりノーマルな感情のひとつであることも確かです。ヘイト・スピーチに含まれる憎悪感情には、ごく単純な憎悪もあれば道徳的な憎悪もあり、さらには悪意ある敵意型の憎悪や報復タイプの憎悪もあります。私たちは往々にしてヘイト・スピーチやヘイト・クライムを、その表現方法に刺激幻惑されて、〝パッション（激情）の犯罪〟と見做しがちですが、どうもそれほど単純でもなさそうです。
とすれば、ヘイト・スピーチを別の形で定義することも可能です。すなわち、権力関係を維持強化するようなヘイト・スピーチは、差別排外主義的な表現が権力の地位を占めていて、結果として、他者を、他者が自己主張できないところで、他者として構築してしまうものだ、と。他者として構築されてしまう側（被害者）からすれば、ヘイト・スピーチは、自らを自らの場所に固定させてしまうものであり、権力の場所から無遠慮ないし理不尽に遠ざけさせられる表現であるとも言うことができるわけです。

かつて社会学者J・バトラーは、「言語をとおして傷つけられることはコンテクストの喪失、すなわち、自分がどこにいるのかを知ることとの喪失である」と表現しました（Judith Butler,1997,*Excitable Speech.* N.Y. Rutledge,p.4）。彼女のいうコンテクストとは位置関係ないし方向感覚のことですが、それらの喪失がヘイト・スピーチから生みだされるものであることは容易に推察できます。が、それればかりではなく、バフォーマンスとしてのヘイト・スピーチの権力的な〝力量〟の大きさをも示唆しているものと思われます。

ヘイト・スピーチ問題についての社会（心理）学的な観点は、要するに、ヘイト・スピーチが如何にして他者を構築するのか？　一定の時代や場所でのヘイト・スピーチの拡散をどのように説明するのか？　そして、ヘイト・スピーカーはなぜそのような方法でスピーチしなければならないと感じているのか？　といったあたりに集中せざるをえませんが、まとめて言えば、差別排外主義的な表現が支配の関係を合理化すべくイデオロギー的に奉仕する、その内実を明らかにすることが重要だということです。

私は、ヘイト・スピーチについて、上記のようにいささか雑駁な印象をもつものですが、本稿においては、既述したような、集団関係の社会的文脈の問題、政治問題（権力関係）としての偏見と差別、そして法律によるヘイト・スピーチの規制という三点セットをベースに置きながら、社会問題としてのヘイト・スピーチを人間の言語行動から捉え返して、そこに立ち現れるであろう社会心理学的な意味についての行論を進めたいと思います。

2．ヘイト・スピーチはヘイト・クライムである

2-1　ヘイト・スピーチの法的環境

ヘイト・スピーチ問題にかかわる国際条約には、人種差別撤廃条約（あらゆる形態の人種差別の撤廃に関する国際条約、一九六五年国連総会で採択）や国際人権規約B規約（市民的及び政治的権利に関する国際規約、一九九六年）などがあります。前者はその第四条a項で「人種的優越又は憎悪に基

づく思想のあらゆる流布、人種差別の扇動、いかなる人種若しくは皮膚の色若しくは種族的出身を異にする人の集団に対するものであるかを問わずすべての暴力行為又はその行為の扇動及び人種主義に基づく活動に対する資金援助を含むいかなる援助の提供も、法律で処罰すべき犯罪であることを宣言すること」と規定し、またb項では「人種差別を助長し及び扇動する団体、及び組織的宣伝活動その他のすべての宣伝活動を、違法であるとして禁止するものとすること」と明記しています。また、後者はその第二〇条第二項において、「差別、敵意又は暴力の扇動となる国民的、人種的又は宗教的憎悪の唱道は、法律で禁止する」とし、同規約第二条第二項では「この規約の各締約国は、立法措置その他の措置がまだとられていない場合には、この規約において認められる権利を実現するために必要な立法措置その他の措置をとるため、自国の憲法上の手続及びこの規約の規定に従って必要な行動をとることを約束する」と定めています。

この国の場合、一九七九年に国際人権規約B規約を批准し、また、一九九五年には人種差別撤廃条約への加入書を寄託して加盟国にはなりましたが、「日本国憲法の下における〈集会、結社及び表現の自由その他の権利〉（憲法二一条）の保障に抵触しない限度において、これらの規定に基く義務を履行する」という留保宣言を行ないました。すなわち、この国の場合、ヘイト・スピーチも「言論・表現の自由」を享受しうるとの基本的枠組みを保持しているわけです。この点には微妙な問題がふくまれるので後に少し触れますが、こうした基本的枠組みのなかで二〇一六年に施行されたのがヘイト・スピーチ対策法（本邦外出身者に対する不当な差別的言動の解消に向けた取組の推進に関する法律）です。

この法律では、ヘイト・スピーチを本邦外（日本国外）出身者への「差別的意識を助長し又は誘発する目的で公然とその生命、身体、自由、名誉又は財産に危害を加える旨を告知」する行為、「本邦外出身者を地域社会から排除することを煽動する不当な差別的言動」と定義しています。見てのとおり、本法が想定するヘイト・スピーチによる被害存在はおおむね在日コリアンのみであり、対象を「適法に居住する」「本邦外出身者」やその子孫としたことで、不法入国者の子孫や日本国籍をもつマイノリティ・グループの成員が対象外になるのみならず、冒頭に掲げた私の定義、すなわち、「歴史的、社会的および構造的に差別・抑圧されてきた人種、皮膚の色、民族、宗教、国籍、社会的出自、性別、性的指向、障害の有無などの属性にもとづくマイノリティ集団」と比較すれば、きわめて限定的でしかないという問題をまず指摘せざるをえません。

「（LGBTの）彼ら彼女らは子供を作らない、つまり〈生産性〉がないのです」などと雑誌寄稿した衆院議員・杉田水脈の表現（二〇一八年七月発覚）、沖縄県東村高江でヘリパッド建設阻止を闘う人びとに対する大阪府警機動隊員の「ぼけ、土人が」「黙れ、こら、シナ人」発言（二〇一六年一〇月）、「ああいう人ってのは人格あるのかね。ショックを受けた。（略）絶対よくならない、自分がだれだか分からない、人間として生まれてきたけれどああいう障害で、ああいう状態になって。（略）ああいう問題って安楽死につながるんじゃないかという気がする」と、一九九九年九月に東京都知事として府中療育センター（重度知的・身体障害者療育施設）を視察した後の記者会見での石原慎太郎の発言、あるいは一九八六年の中曽根康弘（当時首相）の「日本は単一民族国家」との発言等々は、明白なヘイト・スピーチですが、本法の対象外ということになります。

また、本法は基本的に理念法であって、禁止・罰則規定がないために、どの程度の実効性があるのかは不明ですし、「不当な差別的言動」も曖昧な規定であって、不当性の範囲はなかなか線引きが容易ではなく、それゆえ公権力による恣意的な運用がなされないという保証もありません。

この国のヘイト・スピーチ対策法の不十分性を予見したわけでもありますまいが、国連人権委員会は二〇一四年七月の対日審査において、この国の社会で韓国・中国人への人種差別的な言動が広がっていることについて、現行の刑法や民法で防ぐのは難しいとの認識を示して法的整備を求めると同時に、差別をあおるすべての宣伝活動の禁止を勧告し、また、国連人種差別撤廃委員会は同年八月、街宣活動やインターネット上で人種差別をあおる行為に対する捜査や訴追が不十分であると指摘、ヘイト・スピーチを法律で規制するようこの国の政府に勧告しました。これらの勧告を、人権意識の希薄なこの国の政府に対する批判として評価することはできますが、やはり、規制対象は人種・民族にほぼ限定している問題性を含みます（ちなみに、現今の社会学ではおおむね〝人種〟概念ではなく、〝エスニシティ〟概念を用います）。

2-2　差別・排外言説と言論・表現の自由

ところで、ヘイト・スピーチを法律によって規制ないし禁止することについてはかなり悩ましい問題が存在するように思われます。この国においては、二〇〇六年前後から、いわゆる在特会（在日特権を許さない市民の会）によるヘイト・スピーチをともなう街宣活動が激化し、その後も、その活動はいっそう活発化したので、ようやく二〇一〇年をこえてからマス・メディアも注目するようになりました。報道を振り返ると、ヘイト・スピーチに対する社会意識的なエトスのありようがある程度までわかります。

たとえば、『朝日新聞』（一三年三月一六日付）は、特定の個人ではなく朝鮮人に対する侮辱は名誉毀損罪に当たらないが、ドイツやイギリスなど西欧諸国ではヘイト・スピーチは犯罪であることを紹介し、悩ましい議論であることを示しつつ、表現の自由を強調する報道内容になっていました。他方、『毎日新聞』（同年三月一八日付日夕刊）や『東京新聞』（同年三月二九日付）の記事も、諸外国の法規制の現状を紹介しながら、法規制には困難もあるとし、市民の力で過激デモを止めさせる世論づくりが重要だと強調しました。ここに紹介した新聞は相対的にリベラルなマス・メディアですが、必ずしも意見は一致していません。

たしかに西欧社会の多くの国々（ドイツ、フランス、イタリア、スペイン、ポルトガル、ベルギー、オランダ、ノルウェー、スウェーデンなど）にはヘイト・スピーチ規制法があり、実際にヘイト・スピーチを犯罪（ヘイト・クライム）と見做した適用が行なわれています。しかし、この国の場合は、すでに見たように、憲法二一条一項（集会、結社及び言論、出版その他一切の表現の自由は、これを保障する）によって、また、アメリカの場合は合衆国憲法修正第一条（一七九一年採択）の「議会は、国教の樹立を支援する法律を立てることも、宗教の自由行使を禁じることもできない。表現の自由、あるいは報道の自由を制限することや、人々の平和的集会の権利、政府に苦情救済のために請願する権利を制限することもできない」によって、差別の法規制が一筋縄では完結しない状況下にあることを示しています。

しかし、ヘイト・スピーチは、その被害者において、まさに〝魂の殺人〟以外の何者でもありません。〝魂の殺人〟はあくまでも形而上の殺人ではあるものの、津久井やまゆり園事件（二〇一六年七月）の加害者は、障害者大量殺傷に踏みきる前に、たとえば「意思疎通ができない重度の障害者の人は生きていてもしょうがない」などと公言していました（『毎日新聞』二〇一六年七月二七日付）。この事件の場合、ヘイト・スピーチがヘイト・クライムをウォームアップしていたことは間違いありません。

「在特会」による徳島県教組襲撃事件（二〇一〇年）では、高松高裁が県教祖と当時の女性書記長に慰謝料など賠償金を支払うよう在特会メンバーに命じたほか、威力業務妨害と住居侵入で在特会メンバーの有罪が確定しました。また、京都朝鮮第一初級学校（現・京都朝鮮初級学校）事件（二〇〇九〜一〇年）の民事訴訟でも、裁判所は在特会の行為が「人種差別に該当する」として在特会に対して高額な賠償金の支払いを命じ、また、街宣では在特会のメンバー四人に威力業務妨害罪や侮辱罪などで有罪が確定しています。こうした動向の中で、在特会は二〇一七年四月、朝鮮第一初級学校の跡地付近で拡声器を用いてヘイト・スピーチを繰り返し、さらにネットで動画を配信しました。ために学校側は京都府警に名誉毀損で告訴、京都地検は一八年四月、在特会の成員を名誉棄損罪で起訴しました。ヘイト・スピーチの刑事訴訟ではこれまで法定刑の軽い侮辱罪（刑法二三一条。「拘留又は科料」のみ）が適用されたことがあるだけで、より重い名誉棄損罪（刑法二三〇条一項。「三年以下の懲役若しくは禁錮又は五〇万円以下の罰金」）が適用されるのは初めてのことです。このように、ヘイト・スピーチは、威力業務妨害罪、住居侵入罪、侮辱罪、名誉棄損罪といった刑法上の犯罪（クライム）を構成する場合が多いのです、むろん、すべてのヘイト・スピーチがヘイト・クライムであるとまでは言えませんが。

上記京都事件を担当した冨増四季弁護士は、一括して取り上げられがちなヘイト・スピーチを、この国の現行法上、すでに犯罪行為（クライム）となるような威力業務妨害や名誉棄損等にいたる行為（類型1）と、現行法上犯罪に該当せず捜査・処罰の対象にならない行為（類型2）とに分類し、人権救済の実務的な観点からすれば、類型1についてはまずもって捜査機関（警察・検察）

および司法機関（裁判所）が現行法に依拠して迅速・公平に捜査・処罰を行なうべきだとし、ヘイト・スピーチ規制新設の是非や表現の自由からの考察といった類型2のスピーチ領域の検討は副次的であるとしています（http://sway.com/YV9EODOKPoFRb4pl? Link&loc = mysways）。ヘイト・スピーチの類型化の方向は、権力による言論・表現への恣意的な弾圧を許さぬためにも有効なやり方のようにも思われます。

さて、ヘイト・スピーチと「言論・表現の自由」との関係ですが、言論・表現の自由は、差別・抑圧を社会システムとして設定していた前近代社会を打倒するための基本的価値観および基本的人権として近代市民社会において徐々に構築されていったものであり、したがって、そもそも差別・抑圧（ヘイト・スピーチを含む）は言論表現の自由の枠内にはおさまりえないものです。すでに見た国際人権条約にしても、当然のことながら、言論・表現の自由を軽視したり無視したりしているわけではありません。そもそも差別・抑圧・排外主義を合法化・体制化している社会（戦前のこの国、ナチス・ドイツ、スターリン治世下の旧ソ連などを含む）は言論・表現の自由などを許容しないのであり、その意味では、差別・抑圧・排外を煽動する行為（ヘイト・スピーチ、ヘイト・クライム）を処罰することは、逆に言えば、言論・表現の自由を擁護することでもあると言えましょう。

とはいえ、私自身は法律万能論の立場はとりません。すでに紹介した新聞報道の内容に即していえば、『毎日新聞』と『東京新聞』が、「市民の力で過激デモを止めさせる世論づくりが重要」と主張したところに同感します。ヘイト・デモに対するカウンター・デモの存在は人権感覚の市民的具現として高く評価できます。ヘイト・デモとカウンター・デモとの遭遇場面を、私は「YouTube」でしか見たことがないのですが、カウンター・デモの動きがヘイト撲滅を社会問題化させる形の見事な空間を形成しているように感じました。問題は、警備にあたる公安当局が、しばしばヘイト・デモに寛容で、カウンター・デモに弾圧的である点にあり、その点を考えれば、ヘイト・スピーチへの法的規制は諸刃の剣にならぬとも限りません。

3. ヘイトの社会心理

3-1 ファシズムとの親和性

社会心理を一義的に定義するのは困難ですが、一応、「一定の社会集団の全体としての心理状態や行動傾向」として理解することは可能だと思われます。あるいは、「一定の社会集団の成員に見出される心理状態や行動傾向」を社会心理として理解することもできますが（『社会学事典』弘文堂、四一〇頁）、ヘイト・スピーチ問題の社会心理というように問題を立てるならば、前者の定義をここでは採用すべきかと考えられます。というのも、このような内容の社会心理は、リンチャやパニック等の群衆行動の場合、当該集団に特有の社会心理が形成されるのは見やすい事実だからです。ヘイト・スピーチをリンチ言説、ヘイト・クライムをリンチ犯罪としてとらえるならば、以上のような社会心理理解は十分に成り立つものと思われます。

上記したところは、ヘイト集団の社会心理をとらえる場合の概念規定ですが、さらに重要な局面は、ヘイト集団を取り囲む一般社会の社会心理です。まことに遺憾ながら、この国を含めて世界中で差別排外主義は興隆を続けているのが現状なのであって、ヘイト集団は単にその突出点にすぎないと見做すのが、むしろ妥当だと思います。

米国では、〝アメリカ・ファースト〟のトランプ大統領の登場以降、クー・クラックス・クラン（KKK）やNSM（国家社会主義運動）などのネオ・ナチのレイシストが息を吹き返し、かなり活動を活発化させていると伝えられています。ドイツの『シュピーゲル』誌（二〇一七年八月一九日付）がその表紙に、白人至上主義者たちの秘密結社クー・クラックス・クランの覆面をかぶったドナルド・トランプ大統領の絵を用いたことは当時、話題になりました。この絵は、同年八月一二日に発生した、バージニアでの白人至上主義者やネオ・ナチの集会に抗議した女性が殺された事件に関連するものであり、トランプ大統領が、事件発生後に、「双方に責任がある」などと白人至上主義者と抗議者を同一視し、結果的ないし意図的に差別主義者を〝擁護〟したとみられるコメントを発表したことに端を発しています。〝反移民〟の主張を鮮明に押し出し続けるトランプが大統領に就任したことで、極右のレイシストたちは、自らの差別・排外主義や反多文化主義が国家権力によって支援されていると感じていることはまず間違いありません。

ヘイト集団が、自らの主張は国家権力によって擁護され、オーソライズされていると感じているムードの蔓延、こうした事態はこの国においても共通しています。安倍自公政権の成立以来とくに顕著な歴史修正・捏造路線が、ヘイト集団を勇気づけているとも言えましょう。南京大虐殺の否定、戦時性奴隷（従軍慰安婦）の不在化等々の策動などはその端的な事例です。そのため、ヘイト集団は朝鮮人や中国人に何を言っても許されるという自信を深めるのです。

杉田水脈議員の「ＬＧＢＴは子供を作らない、つまり〈生産性〉がないので、そのようなカップルに税金を使うことに賛同はえられない」という明確なヘイト・スピーチは、その後、修正されていないし、本人による謝罪も行なわれていません。というのも、杉田は自らが所属する自民党に守られているとの自信をもっているからです。現に、自民党幹事長・二階俊博は二〇一八年六月の講演で、「このごろ、子どもを生まない方が幸せじゃないかという勝手なことを考えて（いる人がいる）。この国の一員として…みんなが幸せになるためには子どももたくさん産んで、国も栄えていく」と（六月二九日付各紙）。

国会会議録によると、二〇一七年末までの五年間に首相・安倍晋三は合計七回、朝日新聞批判の発言をしたそうです（『毎日新聞』二〇一八年二月二一日付）。また、一八年になっても、森友・加計学園問題をめぐる朝日新聞記事を批判し、「哀れですね、朝日らしい惨めな言い訳。予想どおりでした」などと自民党議員のフェイスブックに書き込むなど、『朝日』バッシングに邁進しています。また、安倍に同調して日本維新の会の衆院議員・足立康史は自身のツイッターに「朝日新聞、死ね」と投稿しました（一七年一一月一四日付各紙）。安倍らによる『朝日』批判に鼓舞されてのことでしょうが、私の自宅近くの朝日新聞京都総局前には定期的にヘイト集団が押し寄せ、意味不明の罵詈雑言を浴びせかけ続けています。

また、津久井やまゆり園障害者大量殺傷事件の加害者は、警察の取調べに対して、次のように供述していたようです。

「今の日本の法律では、人を殺したら刑罰を受けなければならないのは分かっているが、権力者に守られているので、自分は死刑にはならない」（『毎日新聞』二〇一六年八月一五日付）。「事件を起こした自分に社会が賛同するはずだった」（NHK八月一七日放送）。「障害者の安楽死を国が認めてくれないので、自分がやるしかないと思った」。「障害があって家族や周囲も不幸だと思った。事件を起こしたのは不幸を減らすため。同じように考える人もいるはずだが、自分のようには実行できない。殺害した自分は救世主だ。（犯行は）日本のため」（『朝日新聞』八月一七日）等々。

この事件の加害者は、事件後二年以上経過しても、自らの犯行の正当性を信じて疑ってはおらず、したがって、反省もしてはいません。その理由は、たぶん、「自分は権力者に守られている」

との自信、社会がタテマエ上表面化できない欲望の深層を自らが具体的な行為（ホンネ）で代行的に表面化させたという英雄意識、それらをないまぜにしているからだと思われます。最近ようやく問題になった優生保護法下での「強制不妊手術」は、明らかに優生政策によって、社会秩序を乱す存在を排除することを目的にしていましたが、現行の母体保護法下でも遺伝子検査や出生前診断をつうじての弱者排除が行なわれていることを否定することはできません。この事件の加害者の「考え方」は実質的に「権力者に守られている」と言っていえなくもありませんし、加害者自身の思いとしては「自分は権力者の意思を代行している」というところに収斂しているようでもあります。

以上に見たように、国家権力に同調したり、国家権力に擁護されたり、国家権力の意向を先取りしたりするヘイト・スピーカーが群生しつつある現状況に、私は、かなり濃厚なファシズムの匂いを嗅ぎ取ります。その意味で、私は、思想家T・W・アドルノの以下のような言説に賛同します。「ファシズムは、ひとつの政治運動として成功するためには、大衆的基盤をもたなければならない」（田中義久他訳『権威主義的パーソナリティ』、青木書店、一二三頁）。むろん、大衆的基盤の成立は恫喝や脅迫による服従だけでは不十分であり、民衆側からの主体的呼応・協力が不可欠です。その場合、「ファシズムは、人びとの合理的な私的利益に働きかけるのではなく、主として情緒的欲求に…しばしば最も原始的で非合理的な願望や恐怖に…訴えざるをえない」（同頁）という次第です。

ヘイト集団の群生にファシズムの匂いを嗅ぐと記しましたが、現時点においては、さいわいにも、なおヘイト・スピーチおよびヘイト・クライムは大衆的基盤を獲得できてはいません。ただし、反民主主義的な各種の潜在力が大衆の内部に蓄積されつつあると言わねばならぬ現況にあっては（実際、ネット空間において、「原始的で非合理的な願望や恐怖」についての書き込みがあふれています）、もしかすると、さほど遠くない将来においてファシズムが勝利しないとは言い切れない状況が到来するかもしれません。

ファシズム的雰囲気の強いヘイト行動（ヘイト・スピーチおよびヘイト・クライム）は具体的にどのような動機づけのもとに行なわれているのでしょうか。社会学者J・マクデビットらは、ヘイト行動の動機づけを三つの主要なタイプに分類しました（Jack McDevitt, Jack Levin, and Susan Bennett. 2002. "*Hate Crime Offenders: An Expanded Typology.*" Journal of Social Issues 58(2)、pp.303–17）。これは、ヘイト・クライムを念頭に置いた類型化ですが、もちろん、ヘイト・スピーチにもおおむねあてはまります。

①thrill（ぞくぞくするような歓喜）②defensive（防御）③mission（布教・伝道・使命）――。

まず、thrillですが、加害側は、ヘイト行動でぞくぞくするような、しびれるような快感をもつのかもしれません。言うなれば、レクリエーションのような加害行為。誰かを犠牲にすることにエキサイトすることを求め、あるいは犠牲者を攻撃した快感を誰彼なしに吹聴したがるということもあるかもしれません。私は以前、『〈癒し〉としての差別』(批評社、二〇〇四年)なる書物を上梓し、社会関係における差別がある種の〝癒し〟効果をもつ行為として消費されるという倒錯した状況を分析したことがありますが、その〝癒し〟効果を極大化したものがthrillに該当するかもしれません。換言すれば、ルサンチマン(怨恨感)やカタルシス(鬱屈解放感)の極端な発現=発散行為でもありましょう。

第二のdefensive(防御=防衛)は、ヘイト行動の対象と認識するアウトサイダーから、自分(たち)の隣人、職場、学校などを守るために計画されるもので、アメリカなどでは先住する白人の居住地に異民族(異人種)が流入してきた時に尖鋭化され発動されることが多いようです。在特会がヘイトの中心対象として在日コリアンを標的化するのもほぼ同じ理由によります。コリアンが在日する(せざるをえない)歴史的、現実的経過に少しの特権もありえようはずがないにもかかわらず、在特会はコリアンが在日していること(せざるをえないこと)、それ自体を〝特権〟と見做して攻撃しているわけです。無根拠の根拠化というべきですが、在特会の攻撃は、ほぼ同じ理由で被差別部落などの他の被差別集団にも向けられています。その点、アドルノの「ある少数集団に対して敵対的な態度をとる人間は、他のさまざまな集団に対しても敵対的である場合が非常に多い」という指摘は重要です(前掲書一二頁)。

第三のmission（布教・伝道・使命）型のヘイト行動には、アメリカのKKKやこの国の在特会のように、ある程度まで組織化されたヘイト集団の成員がかかわっています。実際には、アメリカでは、ヘイト・スピーチやヘイト・クライムの実行者のうち、KKKやwhite Aryan resistance（白人アーリア抵抗）、それにNSMといった組織されたヘイト集団が占める割合は五％以下と言われており、この国の場合は、在特会やその他のヘイト集団を含めても、もっと少ないものと思われます。しかしながら、こうした極端なヘイト集団は、なお組織されておらず、それゆえにヘイトのイデオロギーにはまだ十分に洗練?されていない非成員たちに、大いなる影響を与えるというミッションを自覚しているに相違ありません。こうした布教・宣伝ミッションの他に、ヘイト集団の成員自身が主観的に感じているミッションというものもありそうです。在特会の場合は、「在日特権を〝許さない〟」というミッションがそれに該当します。

3‐2　権威主義的パーソナリティとサド・マゾヒズム

ところで、ヘイト行動（ヘイト・スピーチ、ヘイト・クライム）を分析するには、社会的偏見についての伝統的な理論を援用することもある程度可能です。

第一は、文化伝達理論です。家族、仲間、あるいはメディアをつうじて世代から世代へと文化的に偏見が伝達されるとする考え方で、たとえば、子どもは周囲からステレオタイプを学んで偏見をもって成長するというふうに見做します。

第二は、グループ同定理論。偏見は、それぞれの個人の集団成員性に結びついていると考える方法です。この理論によれば、集団は共通の背景と利益にもとづいて集まるが、その場合、自分の所属集団についての〝誇り〟が非常に過度になるところに問題があります。

第三は、欲求不満・攻撃の仮説で、これによれば、偏見は人びとの日常生活における不満に対処する必要性に応じて発達するということになります。特定の集団は、人生における諸個人の不満のために犠牲者にさせられる可能性があるという次第です。むろん、欲求不満が法則的に攻撃につながるかどうかは当該人物の社会的コンテクストや関係性によって変動しますから、この理論はあくまでも仮説というべきです。また、欲求不満の原器には、ある種の被剥奪感（絶対的剥奪感であれ、相対的剥奪感であれ）があるという点にも留意する必要があります。

第四は、パーソナリティ理論です。前記アドルノのいう「権威主義的パーソナリティ」や、後述する社会心理学者E・フロムの「サド・マゾヒズム」型性格などは偏見の信念の保持と深い親和性があるとされます。ここでは、第四のパーソナリティ理論に少し深入りします。

アドルノの「権威主義的パーソナリティ」とフロムの「サド・マゾヒズム」型性格とは内容的にほぼ同じであり、フロムは神経症的ではない正常な人間を指す場合には「サド・マゾヒズム」型性格という言葉のかわりに「権威主義的パーソナリティ」を用います。

フロムはマゾヒズムについて、「個人的自己からのがれること、自分自身を失うこと、いいかえれば、自由の重荷からのがれることである。このねらいは、個人が圧倒的に強いと感じる人物や力に服従しようとする」（日高六郎訳『自由からの逃走』東京創元新社、一七〇頁）と記し、サディズムについて「他人を完全に支配しようとすること、かれを我々の意志にたいして無力な対象とすること、彼の絶対的支配者となること、かれの神となり、思うままにかれをあやつることである」（一七五頁）と記したうえで、正反対に見えるサドとマゾの二つの傾向が心理学的には、ひとつの根本的な要求のあらわれであるとし、その根本的な要求を「孤独にたえられないことと、自分自身の弱点とから逃れでること」と説明し、サドとマゾのどちらの根底にもみられるこの目的を共棲（symbiosis）と呼びます（一七六頁）。この場合の「共棲」とは、自己と他人と、たがいに自己自身の統一性を失い、たがいに完全に依存しあうように一体化することを意味します。

サド・マゾヒズム型性格＝権威主義的パーソナリティについて、フロムは結論的に「平等の観念は存在しない。（略）かれにとっては、ここの世界は力をもつものともたないもの、優れたものと劣ったものとからできている。サド・マゾヒズム的追求にもとづいて、かれはただ支配と服従だけを経験するが、決して連帯は経験しない。性の差別であれ、人種の差別であれ、けっきょく優越と劣等のしるしでしかない。このようなことを意味しない差別を、かれは考えることができないのだ」と言います（一九一頁）。

上記フロムの描出したところも、アドルノの仕事も、いずれもドイツ・ナチズム（あるいはイタリア・ファシズム、この国の超国家主義）との闘いを意識したものです。したがって、こうした言説（権威主義的パーソナリティ＝サド・マゾヒズム的性格）がすぐさま現今のヘイト行動の説明原理になると考えるのは少々短絡的にすぎますが、それでもヘイト・アピールが政治的キャンペーンをつうじて行なわれ、それによってヘイト集団の消極的追従者たちの情緒を過激化して組織化し、被害者に永久的でなかなか回復できない害悪をおよぼし、最終的には被害者の追放や征服を実現しようとする、まさにそうしたファシズム的な運動の動向を見る時、アドルノやフロムの分析には、やはり貴重な示唆が含まれていると私は思います。

もうひとつ、偏見と差別への理論的なアプローチにおいて非常に重要な概念となるのは、カテゴライゼーション（類型化）だと思います。〝外集団〟として定義される集団は、コミュナルな憎悪と暴力のターゲットになる可能性があるのですが、なぜ、そうなる可能性があるかというと、〝外集団〟は「われわれと同じ」とは見做されないからです。

ヘイト集団の言動から見えてくるのは、一言でいえば、「外集団の非人間化」の工作であり、〝外集団〟を人間存在以外のもの、すなわち、あたかもモノか動物のごとくに取り扱うのです。人間をモノとして取り扱うということは、他者を自分の道具として取り扱うことであり、また、動物のごとく取り扱うということは（在特会は在日コリアンを「ゴキブリ」「ウジムシ」と罵ります）、合理的判断力を欠く劣等な存在として他者を位置づけることです。そこにあるのは、言論・表現の自由などとは全然次元の異なる犯罪的劣情そのものです。

4. ヘイト・スピーチと「自我」

4-1 象徴的相互作用論の視程

私自身は、幸か不幸か、ヘイト集団のヘイト・デモに遭遇したことはなく、既述したように、せいぜい朝日新聞京都総局前での小規模な街宣を時々見かける程度です。二〇一五年一月一三日放送のNHKクローズアップ現代「ヘイトスピーチを問う〜戦後70年いま何が」は、YouTubeよりもはるかに鮮明な音声と画像でヘイト・スピーチをともなうデモを映し出していて、おおいにショックを受けました。

「おまえら朝鮮人は腐れ朝鮮人なんだよ、腐れ朝鮮人。ゴキブリ、ウジムシ、朝鮮人」とか、「殺せ、殺せ、朝鮮人。出てけ、出てけ、朝鮮人」――。テレビ番組では、右派系市民グループの会員の談話「相手の喉元に突撃する。ストレートに相手の嫌がる抗議をする。既存の保守ではできなかったことを、この団体がしてるということにすごい魅力を感じました」をも伝えていました。残忍で酷薄なスピーチの内容に深い意味があるわけではありません。単に極端な悪態をつく雰囲気のみです。ただし、ネット空間における匿名的なヘイト言説とは違い、ヘイト・デモでの表現はやはり現実的で生々しく、かなり薄気味悪い。「殺せ、殺せ」とか「出てけ、出てけ」とかは、物理的・生物学的な排除抹殺の主張であり、ヘイトの被害側からすれば、こうしたヘイト言説に言論と理性でもって反論することは非常にやりにくいはずです。一般に、反（非）理性に対して、理性で応酬することは消耗しか結果しないものです。というのも、ともかくヘイト・スピーカーは、ヘイト・スピーチの被害者と対話し、相互理解を深めようなどとは考えず、ただただ被害者の社会的排除を意図しているだけだからです。しかし、だからといって、反（非）理性を放置してはならず、それを打倒しなければならぬこと、いまさら強調するまでもありません。私はそうした作業を社会学実践とよびたいと思っています。

社会学の象徴的相互作用論（symbolic interactionism）は、シンボル（その多くは身振りであり、言語も有声身振りという身振りです）をつうじての人間の相互作用場面に照明をあて、そこでの人間の解釈過程を考えて、そこから人間の主体的なありようを考えようとする理論として成立しました。言葉を中心とするシンボルによって、人間は、他の動物とは異なり、単に刺激に対して反応するのではなく、その刺激を主体的に受けとめて、それに意味付与して解釈し、そのうえで自分の行為を決めることのできる能動的主体になれると説きます。

この象徴的相互作用論の元祖的存在ともいうべきＧ・Ｈ・ミードは次のように記述しています。

「人間の経験の発達において、言語のもつ決定的な重要性は、言語刺激がそれを聞く人に作用するのとおなじように、それを話している人びとにも作用するという事実にある」（稲葉三千男他訳『精神・自我・社会』青木書店、七六頁）。つまり、人間というものは、特に言語（ミードは「有声身振り」と表現します）を使うことによって、常に自分自身の中に、自分が他者に対してひきおこす反応を同時に呼び起こしており、そうすることによって、他者のさまざまな態度を自分自身の行為の中にとりいれているということです。

むろん、そこにはいくつかの位相がありそうです。たとえば、単純な意味での多数派工作の意図もあるはずです。ヘイト・デモの単なるオーディエンスのなかに、ヘイト・スピーカーは自らのフォロワーを発見したがっているに違いありません。あるいは、ヘイト・スピーカーが自らのスピーチによる被害者への効果を先取りして身震いするような歓喜を経験しているかもしれません。

ヘイト・スピーカーによる獰猛な発話は、それによる直接的な被害者はもちろんのこと、カウンター・ムーブメントに参加している人びとや、その場面に偶然立ち会っているオーディエンスにも一定の作用を及ぼしますが、同時に、ヘイト・スピーチの発話者にも一定の作用を与えることは当然でしょう。発話者自身も受話者であって、他の受話者と同様、かどうかはともかくとして、ある程度まで類似した反応を受け入れているはずです。その場合、ヘイト・スピーカーの内面、とりわけヘイト・スピーカーの自我に何が生じているのか。

ミードは、「吠える犬は弱い」という古諺を用いて次のように説明しています。「人は、他人を脅す自分の態度が、他人のうちにひきおこす恐れの態度を、自分自身のなかにもひきおこすので、もし脅迫することをよびおこされるような一定の情況におかれると、かれ自身の態度は、脅迫される他人の態度になっている」（七三頁）。これは少々倒錯的なことがらでしょうが、しかし、他者を脅迫することから生みだされる他者の恐怖を、脅迫する側が自己の内側で体験するならば、脅迫する側の態度は脅迫される側の態度と共振することになるという捉え方も成り立たなくはないはずです。ただ、ヘイト・スピーチの場合には、他者（被害者）のなかにひきおこす態度を加害者自身のなかに引き起こすことは、強烈なカウンター・スピーチに曝露されるような場合を除けば、あまり考えられません。

先にミードの「言語のもつ決定的な重要性は、言語刺激がそれをきく人に作用するのとおなじように、それを話している人びとにも作用するという事実にある」という原則論を紹介しましたが、ヘイト・スピーチの場合はそうした原則から乖離していると言わねばなりません。ミード自身、「言語が運搬すると思われるものは、さまざまな個人の経験のなかで、多少とも一致している一定の内容に対応するひと組のシンボルである」と記述しています（六一頁）。仮に、ミードが述べたようなものとしてコミュニケーションが存在するとすれば、シンボルはそこに関係しているすべての個人に同じ意味を提供しなければならないはずです。ヘイト・スピーカーが「ウジムシ、ゴキブリ、朝鮮人」というコールをしたとして、この言葉が同一の経験として、被害者やオーディエンスに共通に内面化されているということはまずありえないはずです。ヘイト・スピーカーにとっては、この言葉が〝有意味シンボル〟であるにしても、それ以外の人間にとっては単に唾棄すべき〝無意味シンボル〟にしかすぎぬ場合が圧倒的に多く、したがって、発話者と受話者との間での、その言葉に対する共通理解ないし共通解釈が成立するはずもありません。ヘイト・デモにおけるヘイト・スピーチが、おおくの場合、吸収されることなく、あえなく反射されてしまう理由もそこにあるはずです。そもそも、「意味」なるものは、一定の外的行動（この場合は、ヘイト行動）が現実に行なわれるよりも前に、発話者と受話者の双方が共有ないしは分有しているはずのものです。そうであればこそ「意味」は社会的性質を帯びるはずなのです。したがって、ヘイト言説に加害者と被害者とが共有・分有する「意味」などありえないのです。

ところで、ミードは自我を主我（I）と客我（me）との二領域から捉えました。その両者の関係を、ミードは「Iとは他者の態度に対する生物体の反応であり、meとは他者の態度の組織化されたセットである。他者の態度が組織化されたmeを構成し、人はそのmeに対してIとして感応する」と説明しています（一八七頁）。別言すれば、meは「知られるものとしての自我」であり、Iは「知るものとしての自我」です。客我（me）は、他者の期待をそのまま受け入れるところに生じる自我であり、主我（I）は、この客我を捉え返して相対化し、再構成する主体的な自我の側面のことです。

たしかに人間は、他者からのレッテル貼りに影響を受けます（犯罪社会学のラベリング論では、「非行少年」のレッテル貼りが非行少年を生成すると考えます）。しかし、実際には、貼られたレッテルどおりに自我を形成するわけではなく、貼られた側はそのレッテルを解釈し、修正・変更し、再構成し、時には自ら貼られたレッテルと真逆の自己レッテルを生みだすことも往々にしてありうることです。たとえば、在日コリアンがヘイト・スピーチで「ゴキブリ、ウジムシ」などというレッテルを貼られても、それにおおいに傷つけられることはあっても、「ゴキブリ、ウジムシ」の役割演技に同調したり、それを主体的に演じたりすることはありえません。では、ヘイト・スピーチは何を目指すものなのか、そもそも何かを目指したものなのか。もしかすると単なるヘイト・スピーカーのマスターベーションの如きものなのか。

4-2 自我を構成せぬヘイト

ミード自身は問題化することがなかったけれども、ミードの弟子筋にあたる象徴的相互作用論者H・ブルーマーは主我（I）の内実を〝自分自身との相互作用〟という概念で豊富化しようとしました。人間は客観的他者・事物を対象化しうるのみならず、自分自身をも対象化できるのであり、「自分自身を知覚し、自分自身についての観念をもち、自分自身とコミュニケートし、そして自分自身に向けて行為することができる」とブルーマーは言います（後藤将之訳『シンボリック相互作用論・パースペクティヴと方法』勁草書房、七九頁）。

人間の自我は、社会学的には当然にも〝社会関係の関数〟として形成されるものですが、自分自身との相互作用を営むなかで、人間が主体的・創発的な自我を生みだすことも可能だとするところに象徴的相互作用論の積極的価値があります。自分自身との相互作用は、問題や事物や他者を自分自身に呈示する過程と、その呈示されたものを主体的に解釈する過程とから成り立ちます。この表示・解釈過程において、人間は単なる刺激・反応有機体であることから抜け出すことができ、積極的で能動的な主体になりうるというわけです。自分自身との相互作用は、それ自体においては内省や反省を意味しますが、そこから主我（I）が形成されていくと考えるところがミソです。

こう考えると、ヘイト・スピーチは反相互作用論的な非社会学的事実であることが分かります。どのような見方をしても、ヘイト・スピーカーの内面に上記したような意味での自我が構成されているとはいいがたいのです。前項の最終部分に記述したように、ヘイト集団の言動から見えてくるのは、一言でいえば、「外集団の非人間化」の工作であり、〝外集団〟を人間存在以外のもの、すなわち、あたかもモノか動物のごとくに取り扱うことです。「殺せ、殺せ、朝鮮人」というコールは、むろん、ただちに実際の殺人行為につながるものとはいえませんが（ただし、〝魂の殺人〟

ではありうる)、朝鮮人を「存在してはならぬ存在」と裁断していることは確かでしょう。

憲法学者・木村草太は、「死刑は、対象を〈尊重されるべき個人〉ではなく、〈存在してはならない生〉と位置づける。存在を否定されているのだから、国家や社会の側は、対象をどのように扱ってもよい。近代法は、〈人〉と〈物〉に分け、〈物〉を〈人〉の支配の対象とする二分法を根本的な原理とする。獣は〈物〉に分類されるが、死刑囚もまた〈物〉と同じ位置に置かれる。(略)一度、〈存在してはならない生〉という概念を認めてしまえば、時の政治権力が、〈社会にとって無益な人間〉や〈有害な民族〉などを、その概念に含めてしまう危険が生じる」と記しました(「死刑違憲論を考える・〈存在してはならない生〉の概念」、雑誌『世界』二〇一八年九月号、岩波書店、五三 - 四頁)。国家や社会は「存在してはならない生」と決めつけるのですが、してみれば、ヘイト集団は国家や社会を代行していることになるにしても、こうした絶望的な代行者のなかに如何なる自我が成立しているのか、非常に興味があるという以外に言及の方法も見出せません。

ヘイト集団の成員の自我が更新されることはありえますが、その成員の関係世界が根本的に変化しないかぎり、改変されることは、社会学的にみて、ありえないはずです。あらゆる社会集団にみられるように、批判が強ければ強いほど、ヘイト集団の成員も、集団内部の小宇宙に閉塞して団結を強める可能性が高い。

私はかつて、意識改造の現実態として、中国侵略戦争中に悪逆の限りを尽くした旧日本兵の感動的な意識変革過程をディープ・インタビューによって描写したことがあります（「意識改造の現実態」、拙著『差別意識の情況と変革』解放出版社、一九八二年、二三二‐二五九頁）。認罪・担白運動による翻身（思想改造）の契機は、この日本兵を捕虜にした初期中国共産党（具体的には、初期人民解放軍の兵士）の彼への処遇のありかたでした。「侵略は日本の一部の軍国主義者によるもので一般の日本人民は被害者であった」との党中央の基本方針にそった捕虜の待遇はきわめて懇切丁寧であり、この日本兵は自らの戦争犯罪行為をすべて明らかにし、中国によるどのような処分をも甘受しようと決意した時に、文字どおりの自我転換＝人間再生が始まったのです。この日本兵の、それまでの所属集団および準拠集団は皇軍であったものが、捕虜生活のなかで、人民解放軍に代表される中国人民に置き換えられ、それが日本兵にとっての〝重要な意味のある他者〟として自我の再生の起爆剤になったのです。ミード流にいえば、この日本兵はそれまで皇軍による客我（me）によって自我を形成してきたのだが、人民解放軍の兵士たちとの関係のなかで、それまでの客我による自我が分裂したり混乱したりするなかで、新たなリアリティを構築する自我、すなわち主我（I）に目覚めていったことになります。

ヘイト集団の成員にとって、これまで外集団を非人間化し、人間存在以外のもの、すなわち、あたかもモノか動物のごとくに取り扱ってきた当のマイノリティとまっとうな人間関係を構築し、さらにいえば、加害の日本兵が被害の中国人民に救済されたように、まさにそのマイノリティによって救済されるような思想的な情況にでも遭遇しないかぎり、〝創発的な自我の確立＝人間としての再生〟はほとんど不可能なのではないかとも思われます。つまり、だれかに預けてしまった自我を取り戻して我がものとしようとする思想的な気概の有無、それがあるのか否かだけが問われているのです。

5. おわりに

ヘイト・スピーチ対策法が施行されて以降、ヘイト行動は多少とも沈静化しているように見えます。しかし、ネット空間に目をやると、そこには相も変わらぬヘイト・スピーチが満ち溢れています。リアルなヘイトとヴァーチャルなそれとの間には質的な相違があるにもかかわらず、ヴァーチャルなヘイトは常にリアルなそれを鼓舞する雰囲気的な土台の役割を果たしているように感じられます。さらにいえば、わざわざネットに書き込まない人びとの中にも、ヘイト・スピーチに賛同・同感したり、そこまではいかずとも消極的に許容・黙認したりする層がおそらく無視し得ない程度には存在するはずです。

池袋通り魔殺人事件（一九九九年）、大阪教育大池田小事件（二〇〇一年）、秋葉原無差別殺傷事件（二〇〇八年）、そして最近の東海道新幹線車内殺人事件（二〇一八年）などでは、加害者はいずれも「（殺す相手は）誰でもよかった」と供述していました。人を殺すまでに憎悪をたぎらせる時、殺す相手が「誰でもいい」ということはおよそありえないはずですが、しかし、〝真の敵〟が見えない場合の敵意は拡散せざるをえず（しかも、〝真の敵〟は滅多に姿をあらわさないのですから）、「誰でもよかった」に落着するのかもしれません。

一方、津久井やまゆり園事件（二〇一六年）の加害者は、「誰でもよかった」のではなく、明確に「重度障害者」を標的化したように見えます。だが、この事件の加害者にしても、殺害する相手は重度障害者なら「誰でもよかった」のです。しかし、秋葉原事件などの事件の加害者と津久井やまゆり園事件の加害者にあっては、殺すべき相手が「誰でもよかった」にしても、その内実は相当に異なっているともいえそうです。ヘイト集団の成員によるヘイト・スピーチにおける殺意と、ヴァーチャルなネット空間における殺意との違い、それに類似しているかも知れません。

「誰でもよかった」タイプの事件において、前記どちらのタイプの事件も、まさしく現代の社会構造の中で考察する必要があり、ヘイト・スピーチ問題にも同様のアプローチが必要です。本稿のような社会（心理）学的な接近は、問題の布置情況のごく一部にふれるにすぎず、全体構造をみるには、決定的に不十分なものだと思います。

政治リーダーの過去一〇年間以上におよぶ政策やら公的声明が以前よりもマイノリティへの敵意を受け入れやすくしているのではないかといった政治学的な考察、また、アメリカにおけるアファーマティヴ・アクション（差別撤廃の行政的積極行動）、この国における二〇〇二年までの同和対策特別措置などがマジョリティの新たな憤慨を刺激したのではないかという行財政学的・心理学的考察、一九九七年から二〇〇七年の一〇年間で、非正規労働者が五七四万人増えたのに比して、正規労働者は四一九万人減り、特に若年層ではその五〇％ちかくが非正規だという労働格差とそれにともなう経済格差が生みだす被剥奪感・欲求不満を問題にすべきだという経済学的・心理学的考察等々、深く社会構造に根ざす問題としてヘイト・スピーチは捉え返されねばならないと思われます。もしも本稿が、こうした学際的な考察に社会（心理）学的な基礎を多少とも提供できたとするならば、私としては「以て瞑すべし」です。

第3章 「国権」対「人権」の言説状況

1. はじめに

敗戦一一カ月前の一九四四年九月に生まれた私は、むろん、直接的な戦争体験をもちません。しかし、戦争末期の強制疎開とその後の日常生活は、部分的な記憶しか残存しないにもかかわらず、間接的ながらも、やはり強烈な戦争体験であったといわねばなりません。京都市では、爆撃による延焼防止を口実に堀川通、御池通、五条通の道路拡幅が実施され、私の生家（堀川通六角）もその対象になって、一九四五年二月、被命後わずか一週間ほどの猶予期間のなかで、何の補償もないままあたふたと立ち退かねばなりませんでした。敗戦半年前のことです。誰の言葉かは失念しましたが、「国家権力は、その国家体制が崩壊する直前に、自国民に対してもっとも暴圧的になる」というのは、実際、そのとおりです（レベルは異なりますが、戦争末期の沖縄戦はそのもっとも典型的な暴圧でありました）。

琵琶湖からそそぐ瀬田川の畔、今は大津市に編入されて都市化がすすんでいますが、当時は純然たる農村地帯、そこが疎開先でした。頼るべき縁者とてないわが一家は、そこで苦難にみちた疎開生活を強いられました。絵筆よりも重いものをもったことのない友禅染関係の職人だった父親に、当初は志した荒地を開墾しての農作業にたえつづける能力があるはずもなく、戦前、母のためにかなり大量に蓄積しておいた比較的高価な着物を一枚ずつ農家の米と交換して糊口をしのぐ以外に方途とてなかったようです。やがて交換すべき着物が底をついたとき、村人たちの態度は一変、ただ一軒の例外を除き、きわめて冷淡で差別的な対応に移行しました。交換すべき着物がある間、村人にとってわが一家はゲオルグ・ジンメルのいう「今日訪れて明日去りゆく者」でしたが、その後は「今日訪れて明日もとどまる」厄介なストレンジャー＝余所者以外の何者でもなくなったのです（居安正訳『社会学――社会化の諸形式についての研究』下巻、白水社、一九九四年、二八五頁）。

今も私の脳裏に残る鮮烈なシーンがあります。それは米一升を借りるために村中を徘徊する母と、そのあとをついてまわる、たぶん三歳か四歳の頃の私自身の姿です。俗に「物心がつく」という言葉がありますが、私の物心は、この〝みじめさ〟から出発しています。私が後年、対談した教育評論家の故・丸岡秀子さんはその生い立ちを「骨身にしみる貧乏」と表現されましたが、局面は異なるものの、それは私の骨身にもしみるものでした（拙著『差別のなかの女性』、三一書房、一九七八年、一六〇頁）。母が何のつもりで〝物乞い〟同然の道行に私をともなったのか、それは容易に想像できることであるので、私は怖くてついに母の死にいたるまで、それを話題にすることができませんでした。

以上は、私の戦後〝戦争体験〟であり、その中軸は被害体験です。しかし、個的・私の被害体験は、類的・私たちの加害体験がいわば歴史必然的に生み出したものであるとの自覚を私はもっているつもりです。このことを初めて自覚し、一定の政治意識のもとに政治行動に参加したのは高校一年生になったばかりの一九六〇年五〜六月でした。日米安全保障条約の最初の改定時、私はこれを明らかに憲法に抵触する軍事同盟（米国への軍事的属国化）であると感じ、京都府学連（全学連主流派）の最後尾について円山音楽堂→祇園石段下→京都市役所コースのデモによく参加しました。以後、二四年半の新聞記者生活（社会科学および医学担当）、一三年間の大学教員生活（差別問題の社会学・医療社会学専攻）において、反戦・反核・反差別の思想をともかくも一貫して維持してきたつもりです。

しかしながら、この国の現在の総状況は仏教でいう末法濁悪世の度合いを深め、もはや「戦争できる国」から「戦争したい国」への色彩を強めつつさえあります。二〇一四年九月に〝古希〟を迎えた私は、この状況総体への批判を強めつつ、同時に、物心ついて以来今日にいたるまでの間に何をしてきたのか、何をしてこなかったのか、痛切に自己批判せざるをえません。この批判と自己批判の想念はどこまでも主観的なものでしかないのかもしれませんが、しかし、この暗澹たる時代のなかで、あらためて「国権」と「人権」の布置状況および対抗状況についてかんがえることには一定の客観的な普遍性があるとおもいます。

2.「戦争できる国」から「戦争したい国」へ

いかなる戦争といえども、具体的には人間と人間との殺戮応酬として展開するものである以上、根本的に非人権的な行為であります。無人機による爆撃も無人機同士の空中戦も、いずれも人為による戦闘であり、人間相互の殺し合いに違いはありません。戦争自体がきわめて非人間的な行動である以上、そのなかでの個々具体的な軍事行動もまた同様に非人間的な行為になる宿命を負っています。

ユダヤ民族やシンティ・ロマ民族（差別的に〝ジプシー〟と呼ばれる）に対するホロコースト（ナチス医学の人体実験を含む）やこの国の関東軍七三一部隊による中国人や朝鮮人を〝マルタ〟と蔑視しての生体解剖実験などはそのほんの一例です。ドイツでは戦後、ナチス医学の生体実験に対する真摯な反省から、「尊厳」概念を法律用語として用いるようになりましたが、この国では関東軍七三一部隊と協力した医学者の生体実験が罰せられず、当人たちも反省しなかったどころか、戦後日本医学界の中心に居座りさえしたこともあって、ドイツとは逆に「尊厳」概念を非常に定着しにくくしてしまいました。「尊厳」概念については次項冒頭で再論します。

さて、議論をもどしますが、日本国憲法第九条第一項にあるように、戦争とは「国権の発動たる戦争」以外のなにものでもありません。人権侵害の最たるものというべき戦争が、国権の発動の典型的な一つの具現である以上、人権と国権とのするどく客観的な対立は戦争においてもっとも具体的に表面化します。

戦争は、ひとまず「ある政治目的のために政治・経済・思想・軍事的な力（ゲバルト）を利用して行われる政治集団間の闘争」（『社会学事典』弘文堂）と定義できます。大きくわければ対内戦争（内戦・革命）と対外戦争（国際戦争）に類型化できます。後者は、国家または国家集団が、他国の領土の一部または全部を獲得するために、あるいは対外的利益を取得しようとして争う場合であって、第二次世界戦争以後は、内戦ないし革命の方が国家間戦争よりもはるかに多く、しかも、そのおおよそ半分が外国、ことに大国の干渉によって対外戦争に転化しています。今後の戦争もおそらく大国干渉型の局地紛争の形態をとるであろうと推察されます（核時代に全面戦争は不可能です）。

国権とはいうまでもなく国家権力の略語ですが、それが意味するところは、とどのつまり、一定の政治体制のもとで、一定の地域社会内のすべての集団や組織の上部にあって、成員全体を拘束する決定をおこなうものであり、現実的には、その決定を能率的に実施する官僚組織と、その決定を成員全員に強制する警察や軍隊等の暴力装置との複合体として理解することができます。政治とは一般に、誰が何のために、何をどのようにして支配するかの技法（別言すれば、服従を獲得するチャンス）の実体および過程を意味しますが、その政治の遂行が国家権力の行使そのものであるということになります。もちろん、近代以降、とりわけ第二次世界戦争以後は、国家権力の統治機構が人びとの基本的人権保障のために設定される（国民主権原則）というタテマエが一応国際的な共通理解になってはいるのですが（この国の場合、日本国憲法は国権＝国家権力を監視する装置です）、しかし、国家権力による現在の政治を、一切のイデオロギー部分（政治的神話）を除外してリアルにみてみれば、それはいわゆる国家独占資本主義、すなわち高度に組織化・統合化された資本による寡占の永続のための守護物以外のなにものでもないことがわかります。

このような内実をもつ国家権力＝国権の発動たる戦争をいかにして食い止めるのか、それがこの国における現代最大の人権課題であると私はしんじます。しかし、まず前提としてかんがえられるべきは国権と人権との関連性です。人びとを国家の一部＝手段＝道具と見なし、国家のために活用することを肯定する立場（国権主義）と、人びとと国家との間には根源的な緊張関係があり、人びとの権利に対する国家の介入に最大の警戒を払う立場（人権主義）との間には天地の開きがあるのです。たとえば、戦前の大日本帝国憲法も一応は形式的に権利宣言を認めたものの、それは天皇統治に服従する臣民の権利として承認したにすぎないのであって、したがって、法律によっていかようにも制限することができたことは、あの治安維持法の猛威が証明したとおりです。

一方、現行の日本国憲法は主権原理の転換（天皇主権から国民主権へ）に照応して、〝人間の尊重〟をベースに、人類普遍で永久不可侵の人権を宣言し、ここにおいて人権は、憲法上、強力な保障があたえられることになりました。

現行日本国憲法第九七条は、「この憲法が日本国民に保障する基本的人権は、人類の多年にわたる自由獲得の努力の成果であつて、これらの権利は、過去幾多の試錬に堪へ、現在及び将来の国民に対し、侵すことのできない永久の権利として信託されたものである」と規定しています。すなわち、この条文は人権保障の本質を変更するような改憲は許されないことを明示しているわけです。この憲法が現在、全体として崩壊の危機にあることは後に詳述しますが、自民党の『日本国憲法改正草案』（二〇一二年発表・以下『自民草案』と略記）も、読売新聞社の『憲法改正二〇〇四年試案』（二〇〇四年発表・以下、『読売試案』と略記）も、さらに産経新聞社の『国民の憲法要綱』（二〇一三年発表・以下、『産経要綱』と略記）も、まるで申し合わせたようにすべてこの九七条を全面削除しています。その狙いが「基本的人権の永久不可侵性」の相対化または否定化をつうじて反射的に国権の極大化をはかるところにあることはいうまでもありません。

安倍内閣は二〇一三年一二月、特定秘密保護法を公布し（二〇一四年一二月施行）、二〇一四年四月には防衛装備移転三原則、同年七月には集団的自衛権行使容認をそれぞれ閣議決定し、さらには同年一二月には日米防衛協力指針（ガイドライン）を改定するなど、対米従属型の戦争準備を着々とすすめ、現行憲法を実質的に骨抜き状態にしつつあります。秘密保護法の対象になる情報は、防衛・外交・特定有害活動の防止・テロリズムの防止に関するものとされていますが、あまりにも広範囲で曖昧であり、しかも何を秘密にするかは行政機関の恣意にゆだねられるので、報道の自由も人びとの「知る権利」も根底的に制限する危険性をもちます。閣議決定時の森まさ子担当大臣は「沖縄返還密約も当然法の規制範囲にはいる」と答弁しました。密約の存在を示す文書が米国公文書館で発見されたにもかかわらず、政府は密約を否定し、毎日新聞社と西山太吉記者の名誉回復を拒否しつづけているのですから、ある意味で秘密保護法は既存物であるともいえましょう。

また、集団的自衛権行使容認もあまりに露骨な解釈改憲といわねばなりません。その定義は、「ある国が武力攻撃を受けた場合、これと密接な関係にある他国が共同して防衛にあたる権利」と抽象的ですが、実質的にはいつも世界のどこかで戦争をしている米国が攻撃されたときに自衛隊が米軍を支援することを意味します。つまり他人の喧嘩を仲裁するのではなく、積極的に買ってでるものです。しかも、改定ガイドラインによれば、平時から緊急事態にいたるまで切れ目なく、地球上のどの場所においても米軍に戦争協力することになっています（以前は〝周辺事態〟に限定していました）。政府は一応「国の存立が脅かされ、国民の生命、自由及び幸福追求の権利が根底から覆される明白な危険がある場合」のみ自衛隊の武力行使が認められると歯止めをかけているとしていますが、いかなる事態が〝明白な危険〟であるかの規定はしていませんから、実質的には政府の恣意的な判断にゆだねられることになります。

集団的自衛権行使容認も、それに付着するガイドラインも、いうまでもなく現行憲法に違反するものであるのみならず、あまり誰も指摘しませんが、実をいえば、国連憲章や日米安保条約にも違反するという矛盾をかかえています。安保条約第一条には「締約国（日米両国）は、国際連合憲章に定めるところに従い、それぞれが関係することのある国際紛争を平和的手段によって国際の平和及び安全並びに正義を危うくしないように解決し、並びにそれぞれの国際関係において、武力による威嚇又は武力の行使を、いかなる国の領土保全又は政治的独立に対するものも、また、国際連合の目的と両立しない他のいかなる方法によるものも慎むことを約束する」とあるのです。

しかし、『新防衛計画の大綱策定に係る提言』（自民党政調会、二〇一三年五月）は、「従前から法理上は可能とされてきた自衛隊による〝策源地攻撃能力〟の保持について、検討を開始し、速やかに結論を得る」とし、それ自体も違憲的な専守防衛政策からさえ離反することを鮮明にしました。〝策源地攻撃〟とは敵基地攻撃の意であり、あえてこの用語をもちいた背景には、戦前型軍隊の常套手段（先制・奇襲）への先祖返りを目論む姿勢がかいまみえるのです。ちなみに日清戦争の豊島沖海戦で初弾を放ったのはこの国で、宣戦布告の一週間も前でしたし、日露戦争でも、仁川港に停泊するロシア艦をこの国が撃沈したのは宣戦布告の一日前、さらに真珠湾攻撃も対英米宣戦布告に先だっての実行で、しかも、真珠湾攻撃の三時間前には英領マレー半島への奇襲上陸作戦を敢行していました。日中一五年戦争は宣戦布告さえ存在しない戦争で、それゆえ、「満州事変」（一九三一年）、「上海事変」（一九三二年年）、「支那事変」（一九三七〜一九四五年）は、〝戦争〟ではなく〝事変〟として扱われました。このような「宣戦布告のない戦争」での出兵の口実は、つねに「居留民保護」でした。さきに記した自民党政調会の「大綱提言」は、在外邦人に対する自衛隊による陸上輸送を可能とするための法改正をうたっていましたが、瞬時のうちにそれが成立したことになります。

そして、「戦争できる国・戦争したい国」への突入のために、自民党と右派メディアはいわば本丸であるに憲法改悪に着手しました。これは、日本国憲法前文にある「そもそも国政は、国民の厳粛な信託によるものであつて、その権威は国民に由来し、その権力は国民の代表者がこれを行使し、その福利は国民がこれを享受する。これは人類普遍の原理であり、この憲法は、かかる原理に基くものである。われらは、これに反する一切の憲法、法令及び詔勅を排除する」への挑戦です。

憲法改悪をめざす『自民草案』は、現行憲法第二章「戦争の放棄」標題を「安全保障」に変更し、第一項の戦争放棄条項は残したものの、最重要の第二項、すなわち戦力の不保持および交戦権の不許可条項を完全に削除し、そのかわりに新たな第二項として「前項の規定（戦争放棄条項）

は自衛権の発動を妨げるものではない」を設定することにより、集団的自衛権行使を容認する条項にしているわけです。さらに、第九条に「内閣総理大臣を最高指揮官とする国防軍を保持する」の規定を新設し、正式の軍隊の設置を宣言しました。この国防軍は、「我が国の平和と独立並びに国民の安全を確保する」ためのほか、「国際的に協調して行なわれる活動および公の秩序を維持し、又は国民の生命若しくは自由を守るための活動を行なうことができる」と、米国のための集団的自衛権行使のみならず、国内の治安維持出動をも国防軍の任務として位置づけています。そして、九条の最後には「領土等の保全等」の項目を新設し、「国は、主権と独立を守るため、国民と協力して、領土・領海及び領空を保全し、その資源を確保しなければならない」と規定しました。これは明らかに尖閣・竹島問題を意識しての項目ですが、私が注目するのは「国民と協力して」という文言であって、これはおそらく徴兵制の実施に含みをもたせたものと見なしえます。

かつて一九五四年、警察の補完機関だった保安隊が自衛隊に衣替えしたとき、国防任務への転換にともなう新たな宣誓を求められた全隊員の六%にあたる七三〇〇人が宣誓を拒否して退官したと伝えられています。自衛隊が国防軍に転換し、集団的自衛権行使容認にともなう自衛隊法などの関連法規が改変され、米国のための参戦が現実化する事態になったならば、戦争、ましてや米国のための戦争で命をおとす覚悟などしていない相当数の自衛隊員が退官することが予想され、したがって、その時点で徴兵制が現実性をおびてくるはずです。

『読売試案』では、現行第二章「戦争の放棄」が第三章で「自民草案」とおなじく「安全保障」の文言に置き換えられ、第三章第一二条第一項が「日本国は、自らの平和と独立を守り、その安全を保つため、自衛のための軍隊を持つことができる」としています。さらに第四章「国際協力」には、「必要な場合には、公務員を派遣し、軍隊の一部を国会の承認を得て協力させることができる」としています。「国防軍」という名称は用いていませんが、「自衛のための軍隊」とは「国防軍」以外の何者でもなく、国際協力（その内実は対米協力です）の名のもとに海外派兵をも可能にするという恐るべき内容になっています。『産経要綱』はさらに好戦的です。第三章は「戦争の放棄」でも「安全保障」でもなく、より露骨に「国防」とし、その第一六条第一項で「国の独立と安全を守り、国民を保護するとともに、国際平和に寄与するため、軍を保持する」としています。徴兵制については「現状不要」としたものの、第一九条において「国民は、国を守り、社会公共に奉仕する義務を負う」と明記しているので、結局、国民の国防義務を規定し、徴兵制については立法措置にゆだねると、その実現可能性にも言及していることになります。

以上に見てきたように、自民党および右派系マス・メディアは、現行憲法第九条に明記された①戦争の永久放棄②戦力の不保持③交戦権の否認の理想を緩徐的ないし急速的に無化する方向で進んでいます。この動向が具現化するとき、国権の発動たる戦争が現実のものとなり、それこそが反射的に人権を鋭角に狭めていくことになります。

3．憲法改悪策動と人権の狭隘化

前項冒頭でふれたように、人権概念の基底部にあるのが「尊厳」概念なのですが、これはきわめて抽象的な概念であるがゆえに、それを定義することも非常に困難です。キリスト教圏での「尊厳」概念はもともと宗教の根本概念として出発しました。つまり、神の似姿（imago dei）として創造された点に人間の価値を認めるという発想法であり、それゆえdignity（尊厳）はsanctity（神聖）と同義の宗教用語であったわけです。それがドイツで法律用語として定着した背景には、すでに述べたように、ナチス医学をふくむホロコーストへの真摯な自己批判があったからです。

しかし、それにしても、「尊厳」概念の定義は非常に困難です。たとえば『広辞苑』（岩波書店）では「とうとく、おごそかにして、犯すべからざること」と、漢字の意味を示して、付加的に「不可侵」の語を加えるのみで、定義たりえてはいません。国際人権規約（自由権）も、「何人も（略）非人道的な若しくは品位を傷つける取り扱いをうけない」とあるのみで、尊厳の定義というより、尊厳を侵すのはどういう場合かを消極的に記述しているにすぎません。また、「尊厳」を法律用語として定着させたドイツの連邦最高裁判所も、「人間の尊厳に違反するのは、…の場合である」とし、「具体的人間が、客体、単なる手段、代替可能な存在に貶められるとき、人間の尊厳に対する違反が存在する」と、ここでも尊厳自体の定義ではなく、その消極的定義しかおこなわれていません。「尊厳」の定義の困難さは「人権」の定義の困難さにも連動します。そこで、私としては、「人権」を「人権侵害」の残余概念として措定することが方法的にもっとも現実的であるとかんがえ、大学での授業のなかでもそのような視点にたって講義をすすめていますが、ここではその点に深入りしません。

さて、それでは、「戦争できる国・戦争したい国」になろうと画策している自民党や右派マス・メディアが、国権が発動されれば連動的に狭隘化せざるをえない現行憲法の基本精神（国民主権＝主権在民、基本的人権の尊重、戦争放棄＝平和主義）のうち、とりわけ「基本的人権」をどのように把握し、どのように改変しようとしているのか、それぞれの改憲方針の中から読み取っていきたいとおもいます。むろん、「基本的人権」が「国民主権」と「平和主義」の基本をなしていることはいうまでもありません。

繰り返しになりますが、現行日本国憲法九七条は、「この憲法が日本国民に保障する基本的人権は、人類の多年にわたる自由獲得の努力の成果であって、これらの権利は、過去幾多の試錬に堪へ、現在及び将来の国民に対し、侵すことのできない永久の権利として信託されたものである」と規定しており、したがって、この条文は人権保障の本質を変更するような改憲は許されないことを明示しているわけです。にもかかわらず、『自民草案』も、『読売試案』も、さらに『産経要綱』も、まるで申し合わせたように、すべてこの九七条を全面削除しています。その狙いが「基本的人権の永久不可侵性」の相対化または否定化をつうじて反射的に国権の極大化をはかるところにあることはほとんど疑いえません。

憲法第三章は現行憲法も『自民草案』も「国民の権利及び義務」となっていますが、『自民草案』の特徴は、人権の上位に「公益及び公の秩序」を設定しているところです。たとえば第一二条は現行憲法では「自由・権利の保持とその濫用の禁止」をさだめ、「この憲法が国民に保障する自由および権利は、国民の不断の努力によって、これを保持しなければならない。又、国民は、これを濫用してはならないのであって、常に公共の福祉のためにこれを利用する責任を負ふ」と、〝公共の福祉〟のために自由と権利を利用すべきことを説いていますが、『自民草案』は同じ一二条の標題を「国民の責務」と書き換えています。ことに条文の後半部分では「国民はこれを濫用してはならず、自由と権利には責任と義務が伴うことを自覚し、常に公益及び公の秩序に反してはならない」と全面的な書き換えがなされています。

また第一三条でも、現行憲法は「すべて国民は、個人として尊重される。生命、自由及び幸福追求に対する国民の権利については、公共の福祉に反しない限り、立法その他の国政の上で最大の尊重を必要とする」としていますが、『自民草案』では「全て国民は、人として尊重される。生命、自由及び幸福追求については、公益及び公の秩序に反しない限り、立法その他の国政の上で、最大限に尊重されなければならない」と変更しています。

現行憲法は、人権制限の根拠として「公共の福祉」をあげていますが、『自民草案』はそれを「公益及び公の秩序」で置き換えました。むろん、その狙いは単に言葉の言い換えにあるわけではありません。「公共の福祉」（public welfare）とは人権論の射程においては〝社会権〟の範疇にぞくする概念であって、現行憲法はこの〝社会権〟の実質的保障のためにのみ、時に〝自由権〟が制限される場合があると規定していると私はかんがえます。各種の人権が時に矛盾・葛藤するときに、それを調停・調整するための公平原則、それが「公共の福祉」概念ではないかとおもわれるのであって、その意味では、人権概念に「公共の福祉」概念が内在しているともいえるわけです。『自民草案』における「公益」の文字どおりの英訳は〝public interest〟であるはずですが、『自民草案』の全体的文脈からみるならば、それは〝national interest〟（国益）以外の何者でもありません。「ナショナル・インタレストの具体的中身は、国家の利益、国家権力の利益、少数支配者の利益と等しく、およそ国民の利益、権力客体者の利益、多数の被支配者の利益との間には、大きなギャップが見られる」という指摘はいまも正鵠を射ているとおもいます（星野昭吉「国際政治における現代国家論」、河原宏編著『現代日本の共同体』第五巻「国家」、学陽書房、一九七三年、六六頁）。このことは、たとえば、一部少数者の利益のための〝偽満州国〟の捏造が結果的に「満州は日本の生命線」という形でナショナル・インタレストに連動していった歴史的事実からしてもあきらかでしょう。また、『自民草案』にある「公の秩序」も支配体制側の想定する秩序を意味します。結局、『自民草案』は体制側の利益と秩序を毀損しないかぎりにおいて人権をみとめると規定しているのであり、逆にいえば、体制側の恣意によって人権をいかようにも制限することが可能であると宣言しているにひとしいわけです。

『読売試案』の当該条項をみると、「国民の権利および義務」は第五章におかれ、現行憲法第一一条（基本的人権の享有）に相当する第一六条（基本宣言）で「国民は、すべての基本的人権を享有する。この憲法が保障する基本的人権は、侵すことのできない永久の権利である」としながら、現行憲法の同条文末にある「（基本的人権は）現在および将来の国民に与えられる」は削除しています。おそらく今後の再改憲の可能性を考慮して「将来の国民」を切り捨てたものとおもわれます。また、「公共の福祉」概念が消滅している点でも『自民草案』に類似しています。すなわち第一七条で、自由・権利の保持責任を規定しながら、同時に「国の安全や公の秩序、国民の健全な生活環境その他の公共の利益との調和を図り、これを濫用してはならない」としています。「国の安全」「公の秩序」が「公共の利益＝公益＝国益」に該当するという点で『自民草案』と共通しており、要するに、自由・権利は「国の安全」「公の秩序」との調和がなければ濫用にあたるととらえているわけです。同様に第一八条（個人の尊厳）では、すべて国民は個人として尊重されるが、生命権、自由権、幸福追求権は「公共の利益に反しない限り」で尊重されると規定しています。

『産経要綱』では「国民の権利及び義務」は第四章に配置され、第一七条第一項で「基本的人権の保障」を規定しながら、次の第二項で、その保障は「国の緊急事態の場合」は例外としています。ここでいう「国の緊急事態」についての規定はありませんが、産経新聞社の日常論調からして、おそらく〝戦時〟ないしそれに準ずる〝国家非常時〟を想定しているものと推察されます。この『産経要綱』には「人間の尊厳」はあっても「個人の尊厳」概念は不在です。それどころか、第一八条として「基本的人権の制限」がテーマ化され、第一項は「権利は義務を伴う。国民は互いに自由及び権利を尊重し、これを濫用してはならない」と、日本語として少々落ち着きの悪い表現になっています。「国民は互いに自由及び権利を尊重し」とくれば、次にくる文章は「これを互いに侵してはならない」となるはずですが、「これを濫用してはならない」というのですから、国民としては自由および権利を尊重すべきなのか制限すべきなのか、大いに困るところです。そして案の定、第一八条第二項「自由及び権利の行使については、国の安全、公共の利益または公の秩序の維持のため、法律により制限することができる」という条項が登場し、国益と体制維持のために人権を制限できるとするホンネが示されるわけです。雰囲気的には戦前の大日本帝国憲法の復活です。その第二八条「日本臣民ハ安寧秩序ヲ妨ケス及臣民タルノ義務ニ背カサル限ニ於テ信教ノ自由ヲ有ス」や第二九条「日本臣民ハ法律ノ範囲内ニ於テ言論著作印行集会及結社ノ自由ヲ有ス」などへの先祖返りというほかありません。さらに第一九条「国民の義務」の第一項は「国民は、国を守り、社会公共に奉仕する義務を負う」となっていて、さすがの『自民草案』や

『読売試案』にもなかった〝国防義務〟が正面に掲げられ、『産経要綱』が明らかに〝徴兵制〟実施を展望していることもわかります。ちなみに大日本帝国憲法第二〇条は「日本臣民ハ法律ノ定ムル所ニ従ヒ兵役ノ義務ヲ有ス」というものでした。

最後に、現行憲法第一九条（思想及び良心の自由）、第二〇条（信教の自由）および第二一条（集会・結社・表現の自由、通信の秘密）について、それぞれの改憲論の内容を点検します。

第一九条について『読売試案』と『産経要綱』は現行憲法どおりに「思想及び良心の自由は、これを侵してはならない」と規定していますが、『自民草案』では「思想及び良心の自由は、保障する」としています。両条文の主語はいうまでもなく「国家権力」です。すなわち、現行憲法は国家権力による「思想・良心の自由」の侵犯や制限を禁止しているのに対し、『自民草案』は国家権力が「思想・良心の自由」を保障するとしているのですから、立憲主義の精神に反して国家権力が保障する範囲内での「思想・良心の自由」を認めているにすぎないことがわかります。

第二〇条についても『読売試案』『産経要綱』はおおむね現行憲法を踏襲していますが、『自民草案』は同条第三項において国や国の機関および地方公共団体などによる宗教的活動の禁止については現行憲法の規定を生かしながら、例外規定を設けて「ただし、社会的儀礼又は習俗的行為の範囲を超えないものについては、この限りではない」としています。この国は明治期以降今日まで一貫して「皇室神道や国家神道は宗教ではなく習俗である」としてきたことに示されるように、ここでも皇室神道・国家神道の非宗教性を強調して、その宗教活動の合憲性（靖国神社の存在およびそれへの参拝を含む）をあらかじめ条文化したものとおもわれます。

第二一条について『自民草案』と『産経要綱』はいずれも看過しえない人権制限の項目を新設しています。現行憲法は第一項で「集会、結社及び言論、出版その他一切の表現の自由は、これを保障する」とし、第二項は「検閲は、これをしてはならない。通信の秘密は、これを侵してはならない」としていますが、『自民草案』では第一項はそのままにし、第二項を第三項に移して、新たな第二項「前項の規定にかかわらず、公益及び公の秩序を害することを目的とした活動を行い、並びにそれを目的として結社をすることは認められない」を設置しています。『産経要綱』も「国の安全、公共の利益または公の秩序の維持のため、法律により制限することができる」と、おおむね『自民草案』に密着しています。報道機関として死守すべき表現の自由を国家権力に売り渡すがごとき条文であり、いかに国家権力追随の御用新聞とはいえ、これではジャーナリズムではないばかりかマス・コミュニケーションでさえないといわねばなりません。国益や体制側の秩序を批判ないし否定する表現活動や結社活動をみとめない『自民草案』と『産経要綱』の方向性は、大日本帝国憲法第二九条「日本臣民ハ法律ノ範囲内ニ於テ言論著作印行集会及結社ノ自由ヲ有ス」とまるで瓜二つであります。

以上に縷々述べたように、現在の国権の動向は一部右派メディアの後押しをうけながら、この国の人びとの基本的人権を非常に鋭角に狭める方向に突き進んでいます。それはもはや強制・剥奪・暴力の域に到達している観さえあります。強制・剥奪・暴力などの抑圧というものは、広い意味での自由（人権の主要要素です）の否定であり、制限であり、妨害であり、破壊であります。クリスチャン・ベイがいうように、体制の正当性は「それが自由の拡張を促進するのか、それとも、抑圧の拡大を進めてゆくのかにかかっている」のです（内山秀夫ほか訳『解放の政治学』、岩波現代選書、一九八七年、一五七頁）。その意味で、現在の体制＝国家権力の動向に〝正当性〟を見出すことは困難です。むろん、国家権力は強大であって、個々の市民にとって与し易い相手とはいえません。ただし、強制・剥奪・暴力は、〝人間疎外〟（カール・マルクス）や〝意味喪失〟（マックス・ウェーバー）といった情況に比して、主体にも客体にも、そして第三者（とくに国際社会）にも比較的見えやすい抑圧形態です。つまりは、まだ闘えるということです。抑圧言説・行動に対してはカウンター・アクション（対抗言説・行動）を対置する以外に、私たちの人権を擁護・進展させる方途は見当たりません、残念ながら、勝てるか否かはわかりませんが。

4．国権代行型ヘイト・スピーチと人権的カウンター・アクション

国連人種差別撤廃委員会は二〇一四年八月二九日、日本政府に対して、ヘイト・スピーチを行

った個人・団体について、捜査を行い、必要な場合は起訴すべきだと勧告し、差別の禁止にむけての法整備を求めたと伝えられています。周知のように、この国は一九九五年に人種差別撤廃条約に加盟しましたが、ヘイト・スピーチへの法規制（第四条）については、表現の自由への配慮などを理由に留保して現在にいたっています。しかし、そもそもヘイト・スピーチが言論・表現の自由の範疇に属するとは私自身にもおもえません。元来、言論と表現の自由は権力による思想統制から民衆を擁護し、民衆の異議申立てを保障するものであるからです。

この国の政府が国連の勧告に従えないのは、ヘイト・スピーチに法的規制を加えるということは、まさに文字どおりの自縄自縛を結果することになるとわかっているからではないかと私は想像します。勧告では、ヘイト・スピーチ対策を、その他の抗議活動などの「表現の自由」を規制する口実にすべきでないとされましたが、たとえば二〇一三年一一月二九日、自身のブログ上に、国会デモのシュプレヒコールについて「単なる絶叫戦術はテロ行為とその本質においてあまり変わらないように思われます」と掲載した石破茂自民党幹事長（当時）にはのめない勧告でしょう。さらに国連人種差別撤廃委員会は、ヘイト・スピーチをした公職者や政治家への制裁も勧告していますが、これも安倍晋三首相にはのめないものかもしれません。たとえば安倍首相は二〇一四年一〇月三日の衆院予算委員会で〝従軍慰安婦〟問題にかかわって「国ぐるみで（女性を）性奴隷にしたとの、いわれなき中傷が世界で行われている」と述べましたが、現実に日本軍によって〝従軍慰安婦〟（戦時性奴隷）にされた各国の被害女性にとって、これは文字どおりのヘイト・スピーチであるといわざるをえず、やはり論理的には制裁の対象になるかもしれない安倍首相にとっても、国連の勧告はのめないものと感じている可能性があります。同じ安倍首相が二〇一四年一〇月七日の参院予算委員会で、ヘイト・スピーチについて「極めて残念で、あってはならないことだ。（略）今後とも、一人ひとりの人権が尊重され、成熟した社会を実現するため教育や啓発の充実に努めていきたい」と語りましたが、これは安倍首相のダブル・スピーキングというよりは、安倍首相がヘイト・スピーチの何たるかを理解していないことを示すものであるようにおもわれます。

ところで、国連人種差別撤廃委員会がこの国の政府に勧告した方向性、すなわち差別を法的に規制するという方向性について、私はもともと慎重であり、かつ懐疑的です。それというのも、法律というものはそれ自体においてしばしば一人歩きする性格をもっていますし、その拡大解釈も縮小解釈もその時々の権力関係によって容易に変更されるものでもあるからです。いささか極端な事例ではありますが、戦前の治安維持法における「国体」変革概念は、おそらく立案当事者の意図をはるかにこえて想像を絶する膨張ぶりを示すことになり、単なる自由主義者でしかなかった吉田茂（戦後の首相）をさえ逮捕する理由になったことはあまりにも有名です。また、差別という社会現象は関係世界における生成物であって、社会関係（人間関係を含む）の変革なしに、つまり人間の営為（関係の組み直し）の介在なしに、法律が間に割って入って決着をつけるべきテーマではないのではないかともかんがえてきました。

しかし、そうはいっても、ヘイト・スピーチ集団による昨今のあの獰猛な差別・排外的憎悪表現を放置してすますわけにはまいりません。私の観点からしておおいに注目したいのは、ヘイト・スピーチへの対抗ムーブメントに取り組む人たちが少しずつ登場し、いまでは時にヘイト・スピーチ集団の差別煽動デモを包囲し凌駕するまでにいたっている事実です。私自身もこのような対抗運動に何らかの形で参画していきたいとおもっています。こうした民衆による対抗運動がヘイト・スピーチ集団を包囲殲滅するなかで、問題の解決をはかること、これが差別問題に対峙する私たちのもっとももありうべき姿勢、方向性ではないかとかんがえます。

ただし、これは一定の理想論です。そう簡単に対抗運動がヘイト・スピーチ集団を撲滅できるとはかぎりません。なぜならば、ヘイト・スピーチの側には強力な支援勢力がひかえているからです。すでにあげた安倍晋三首相のほか、『朝日新聞』が吉田清治証言報道を取り消したことに関しての「我が国がそういうこと（戦時性奴隷を弄ぶこと）をする国家だということで国民も非常に苦しみ、国際的な問題ともなっている」と話した石破茂前自民党幹事長（二〇一四年八月六日付『毎日新聞』）、あるいは、重度障害者の治療に当たる施設視察後の記者会見（一九九九年九月一七日）で「ああいう人ってのは人格あるのかね。（略）ああいう問題って安楽死なんかにつながるんじゃないかという気がする」と発言した石原慎太郎元都知事、「(日本人による集団買春は)中国へのODAのようなもの」(『サンデー・ジャポン』二〇〇三年一〇月五日放送)と口走った橋下徹大阪市長(当時)、「福島第一原発も含めて(原発事故では)死亡者が出ていない」と講演(二〇一三年六月一七日)で言い切った高市早苗自民党政調会長(当時)、さらにいえば、曽野綾子、桜井よし子、長谷川三千子といった極右文化人、それに『読売』『産経』や右派雑誌等々の言動や言説構造をみれば、ヘイト・スピーチ集団は、それぞれの別動隊のごとき存在であるとみなすことも可能です。つまり、表現の巧拙やその露骨・卑猥さに程度の差はあっても、言説内容はヘイト・スピーチ集団と上記した人物や右翼紙誌との間にさほどの差もありません。したがって、ヘイト・スピーチ集団への対抗運動は同時にこれらの右翼・右派勢力と正面衝突しないではすまないはずであって、それを思えば、人権擁護の取り組みはさほど容易ではありません。

そのようなわけで、ヘイト・スピーチのあくどい現状をふまえれば、私はこの国が人種差別撤廃条約四条の留保を撤回することをもとめざるをえませんが、差別の法規制が成立すれば、それで一件落着になるとはおもいません。冒頭述べたように、私は法律万能のシステム論者ではまったくないからです。重要なことは、ヘイト・スピーチの土壌を変えることであり、根本的にはヘイト・スピーチ集団の成員内部のなんらかのルサンチマンを生みだしている現在の政治風土を変えることが必要です。フリードリッヒ・ニーチェはルサンチマンを「本来の〈反動〉、すなわち行動上のそれが禁じられているので、単に想像上の復讐によってのみその埋め合わせをつけるような徒輩のルサンチマン」と規定しましたが（木場深定訳『道徳の系譜』、岩波書店、一九五九年、三二頁）、現実のヘイト・スピーチ集団の言動はニーチェの規定をはるかに超えているようにもおもわれます。ヘイト・スピーチ集団の憎悪にみちた攻撃衝動が何に由来するのか、また、この攻撃衝動の行動化が何をスケープゴートにし、そのことによって社会の何を浄化しようとしているのか、その点を解明していくことが反差別の法制化の前提作業として必要であるようにおもいます。

5. おわりに

マックス・ウェーバーは、「或る意味を目指す社会的行為の行われる可能性が消えた瞬間、社会学的に見れば、もう国家は存在しないのである」と託宣しました（清水幾太郎訳『社会学の根本概念』、岩波文庫、一九七二年、四三頁）。ウェーバーは、社会をあくまでも人間の行為が具象化したものであるとかんがえ、したがって、人びとが国家を志向しなくなれば、その瞬間、もう国家は存在しなくなるだろうと明言するのです。保守的なウェーバーにしては、シニカルで多少アナーキーな雰囲気をもつ言説ですが、しかし、前世紀末にソ連邦と各共和国の関係が崩壊するありさまを現認した私たちには、相当に現実的な見解であるともいえましょう。

「国権」と「人権」との関係をかんがえるとき、上記ウェーバーの指摘はなにほどか示唆的です。人びとが国家を志向しなくなれば国家は存在しなくなるということは、国家なるものが本来、一種の幻想共同体でしかないことをも意味します。天賦人権論がいうように「人権」はいわば所与的に常在するものであり、それを近代以降は「国権」が〝保障〟する形態をとるというのは、本来的に倒錯であり欺瞞であるとおもいます。ここで徹頭徹尾かんがえねばならないことは、誰の利益がどんな仕組みで決定されていくのか、すなわち利益の主体と客体との構造的な関連性がどうなっているのかという問題です。すでに見たように、改憲論者たちは体制側（支配側）の利益を「ナショナル・インタレスト」にすりかえ、あたかもそれが「パブリック・インタレスト」であるかのように世論誘導するのです。そのために所与的であるはずの「人権」は、実は、たえざる「国権」とのせめぎあいの中にあるというのが現実であり、「国権」を乗り越えないかぎり「人権」はありえないというのが実際の姿であろうとおもわれます。

国権の発動たる戦争が人権侵害の最たるものであることはすでに述べました。平和はすべての「人権」の基盤です。基本的人権主義は一国主義的に達成されるものではなく、国際主義的な普遍性のもとに保持されうるものであって、そうした国際的利益こそが一国内の国民の生活の繁栄、安定、安全（本来、これらの価値をこそ〝パブリック・インタレスト〟というべきです）に還元されるのだと私はかんがえます。私たちが私たち相互の人権をまもるには、さしあたり、戦争につながるありとあらゆる策動に対して、明確に〝ノン〟の意思表示をしつづける必要がありますし、時には体をはっての抵抗も必要になるとおもいます。安倍政権のもと、戦争の足音が急速に近づいてくる今日、中立的な立場を維持する余裕は、もはや私たちには残されていないとおもいます。

（注記）安倍晋三首相は、改憲方向として、憲法第九条の一項と二項とを残して、その後に「自衛隊の存在」を明記するとしていますが、これは「戦争の放棄、軍備および交戦権の否認」を明記した九条一、二項と全然整合せず、完全に矛盾したものゆえ、とりあげるに足る案とは到底いえません。そこで、本項では、元々の自民党のホンネともいうべき『日本国憲法改正草案』（二〇一二年発表）を俎上にのせました。

第4章　吃音についての人権論

1. はじめに

一九七〇年代中頃、私は毎日新聞東京本社学芸部で医学・医療を担当する記者生活をおくっていました。その頃、都内のある民間吃音矯正機関から「聞くだけで吃音（どもり）の治療に効果があるフォノシートを希望者全員に無料で提供するので記事にしてほしい」との申し入れがありました。むろん、フォノシートの無料配布が吃音者を当該矯正機関に勧誘するための誘い水であることはすぐにわかりましたが、たとえ吃音矯正に無効であるにしても無料ならばさほど問題になることもあるまいと軽薄にかんがえ、比較的おおきな記事に仕立ててあげたのです。

記事掲載直後、私は糾弾をうけることになります。職場にまで乗り込んできた糾弾者は、当時大阪教育大学教員（文部教官助手）で全国言友会事務局長だった伊藤伸二さん（現在、日本吃音臨床研究会代表）で、その趣旨は「障害者問題や部落問題での論調とあまりにも異なるではないか」というものでした。確かに私は、当時すでに、たとえば障害者問題について執筆するとき、「障害者は障害をもったまま人間として解放されるべきだ」という視点に立ちきっていましたし、また、「障害者の解放とは、障害からの解放ではなく差別からの解放だ」とする全障連〈全国障害者解放運動連絡会議〉の思想をも共有していました。吃音を障害の範疇にふくめるべきか否かはともかくとして、私の思想の矛盾・分裂が伊藤さんの糾弾によって赤裸々に表面化させられ、私はおおいに反省し全面的に自己批判をしました。

一九七六年五月、全国言友会はその創立一〇周年記念大会で〝吃音者宣言〟を採択しました。「私たちは、長い間、どもりを隠し続けてきた。〈どもりは悪いもの、劣ったもの〉という社会通念の中で、どもりを嘆き、恐れ、人にどもりであることを知られたくない一心で口を開くことを避けてきた。〈どもりは努力すれば治るもの〉と考えられ、〈どもらずに話したい〉という、吃音者の切実な願いの中で、ある人は職を捨て、生活を犠牲にしてまでさまざまな治すこころみに人生をかけた」と宣言を書きだし、しかし、治す試みが充分に報われることはあまりなく、自らの存在への不信を生み、深い絶望の淵に沈む吃音者が少なくなかったとしたうえで、「どもりが治ってからの人生を夢みるより、人としての責務を怠っている自分を恥じよう。そして、どもりだからと自分の可能性を閉ざしている硬い殻を打ち破ろう。その第一歩として、私たちはまず自分が吃音者であること、また、どもりをもったままの生き方を確立することを、社会にも自らにも宣言することを決意した」と記していました。

〝吃音者宣言〟には、これまでマイナスの価値が付与されてきた吃音者である自己をそのまま肯定し、肯定するのみならず、そのアイデンティティをプラスに転換することで自分の価値を取り戻そうとする思想、すなわち、社会学者・石川准さんのいう〝開き直り型のアイデンティティ管理〟の思想が展開されており（『アイデンティティ・ゲーム――存在証明の社会学』新評論、一九九二年、三〇頁）、私はおおいに感動しました。むろん、この場合の〝開き直り〟は、すなわち〝解放〟への立ちあがりを意味しています。この宣言は広く世の中に知られてしかるべきであると考え、当時、私が無給の編集委員のような形でかかわりをもっていた出版社・たいまつ社に企画をもちこみ、伊藤さんを編者に『吃音者宣言』という新書に物質化することができました（残念ながら、たいまつ社はその後倒産し、現在は絶版状態です）。また、その後、新聞に吃音問題の原稿を書くときもおおむね〝吃音者宣言〟の趣旨をベースにおいていました。

その後、〝吃音者宣言〟は一定の広がりをもち、吃音者運動の主流になるかとおもわれましたが、全国言友会内部に組織的な路線対立が発生し、そのうえやはり、吃音矯正への思いを断ち切りがたい人びとも少なくなく、結局、全国言友会も分裂、現在、「どもりながら人間として自由になろう」と主張する〝吃音者宣言〟路線は苦戦を強いられています。本稿では、まずこの〝苦戦〟のよってきたる所以とその問題点を考察し、その作業をつうじて疾病や障害一般にかかわる人権問題の布置構造をあきらかにしていきたいとおもいます。

2．「吃音者宣言」路線は、なぜ、苦戦するのか

2-1　同化と異化の関係論

〝吃音者宣言〟路線が苦戦を強いられている理由をかんがえる場合、やはり、一般的な差別問題と同様、「同化は統合され、異化は排除される」という命題に逢着せずにはすみません。同化とは、特殊な文化やアイデンティティをもつマイノリティたる集団・個人が、普遍的とみなされている文化をもつマジョリティに併呑される事態を意味します。吃音者自身が吃音を〝異常〟とみなしてその矯正・克服に邁進しているかぎりは非吃音のマジョリティから肯定的に評価されるものの、逆に、吃音者が自らの吃音に誇りをもってどもり続け、「どもらないことが正常」という多数派の常識＝自明性を突き崩す方向（すなわち、異化）に歩をすすめるとたちまちにして多数派から排除されるという、このような構造が厳然として存在する以上、〝吃音者宣言〟路線がメイン・ストリームになることは相当に困難であるといわざるをえません。

「我々の汚穢（ケガレ）に関する行動は、一般に尊重されてきた分類を混乱させる観念とか、それと矛盾しそうな一切の対象または観念を非とする反応にほかならない」と喝破したのは文化人類学者メアリ・ダグラスです（塚本利明訳『汚穢と禁忌』思潮社、一九八五年、七九頁）。「どもらない＝正常」とする多数派社会に、「どもる＝正常」とする文化をもって公然と吃音者が登場するとき、

多数派は集団内の秩序に混沌がもちこまれたと観念し、その混沌によって集団が汚染されないようにに排除の機制を作動させるようになるとおもわれます。どもりであることを隠そうと努力している人（前記・石川准さんのアイデンティティ管理の分類における「印象操作」）や、より高い価値（高い学歴や職歴）を獲得してどもりの汚名を返上しようとする取り組み（「名誉挽回」）や、さらには「聾唖やＣＰ（脳性マヒ）の言語障害よりはマシ」と他者から価値を奪い取って自らを高位におくアイデンティティ管理（「価値剥奪」ないし「差別」）などは、多数派にとっては許容範囲内ですが、「どもって何が悪い！」という居直りは許容範囲外となり、排除の対象になるという次第です。「排除されていないものは包括されている」と述べたのは、社会学者ゲオルグ・ジンメルです（居安正訳『社会学――社会化の諸形式についての研究』下巻、白水社、一九九四年、四〇九頁）。開き直り型アイデンティティ管理（〝吃音者宣言〟路線）以外は多数派社会に一応包摂されるがゆえに、包摂をもとめる方向性に進む吃音者がおおくなり、結果的に〝吃音者宣言〟路線は孤立・苦戦を強いられざるをえなくなるようにおもわれます。

〝吃音者宣言〟路線が苦戦するもう一つの一般的な問題は、おおくの人びとが「差別のある関係性」よりは「差別のない無関係性」を選択する傾向にあることと関連しているようにおもわれます。この問題についても私は若い頃、脳性マヒの障害者から糺弾をうけたことがあります。発話がいかにも聞き取りにくく、話を理解できないにもかかわらず、私は「わかったフリ」をしてしまったのです。当の障害者にたちまちにして見抜かれ、「分からないのに分かったフリをするな」と叱責されました。分からぬものを分からぬものとして分かってしまう、これを差別といわずして何というべきでしょう。私は分かったフリをすることが差別を表面化させない方途である（聞き返すほどに、障害の存在が強調される）と勘違いしたのですが、そこからは当該障害者との関係性が成長発展するはずもありません。やはり、差別性の露出を恐れることなく執拗に質問を繰り返すなかで新たな関係の発展を展望できるのではないかと、そのとき心底感じました。重い吃音者にたいしても、私たちは同様の過ちを犯すことをおそれ、どもったままの発話をそのまま受けとめないか、どもらない発話をもとめるかのいずれかの接し方を無意識的にしているのではないでしょうか。

２-２　発達保障論の外延

発達保障論は、一九六〇年代の高度経済成長と、それが要請する人的能力開発路線をいわば〝左側〟から支えた障害児教育の思想であり、また実践論でもありました。この発達保障論をベースに取り組まれてきたのが発達保障運動であり、その内容は「どのように重篤・重症の障害者も含め、全ての障害の軽減・除去と人格発達の可能性を確信し、云々」といった表現に端的に示されています（清水寛「発達保障運動の生成と全障研運動」、田中昌人・清水寛編『発達保障の探究』全障研出版部、一九八七年、二四三頁）。

ここで言及されている障害者像は、端的にいって、是非とも治らなければならない存在としての障害者像です。したがって、障害者は自らの障害を少しでも軽くする、または克服する任務をもつ存在であることになります。発達保障は、障害者が健常者モデルに近づくための教育・医療・リハビリの強制的全面保障という側面をもち、それゆえにその教育観は障害の程度に応じた別学体制（普通学校→普通学校の特別支援学級→特別支援学校→施設）の推進をともなわないわけにはいかず、実際にも一九七九年の「養護学校義務化」の支援理論にさえなったことは周知のとおりです。臨床心理学者・篠原睦治さんは、発達保障論のリーダー・田中昌人さんを批判して、「田中氏は、人間を〈発達〉的存在として一元化するあまり、社会的空間的（相互関係論的存在）としての人間の次元を欠落させる。その途端、その〈発達〉観は〈発達〉至上主義的イデオロギーとして転落するのであり、人間存在の重層的かつ根基的あり様に全く違反してしまう」と適切に指摘しています（『〈障害児の教育権〉思想批判――関係の創造か、発達の保障か』現代書館、一九八六年、一〇六頁）。

篠原さんが指摘する〝発達至上主義的イデオロギー〟とは、発達を〝絶対善〟ととらえ、それに至上価値をおくなかで、発達こそが障害者に幸福を保障するという思考法を内包するものです。発達が障害者の幸福を担保するかどうか、そもそも〝幸福〟と〝発達〟とを同一レベルで論じうるのかどうか、それが問題です。全盲聾の障害学者・福島智さんは、発達保障の意義を否定するわけではないとしたうえで、「〈発達の保障〉と〈幸福の保障〉を同一視する姿勢に抵抗するのである。〈発達の保障〉と〈幸福の保障〉とをはっきりと分離し、そのうえで、前者がどのように後者に貢献するかを、厳しく吟味する必要が障害児教育に求められている」と述べています（「〈発達の保障〉と〈幸福の保障〉――障害児教育における〈発達保障論〉の再検討」、首都大学東京リポジトリ『教育科学研究』第一〇号、一九九一年、六二頁）。つまり、ここで福島さんが問題にしているのは、〝発達〟と〝幸福の〟無媒介的結合のナンセンス（イデオロギー性）であり、どうしてもその両者の結合をいうのであれば、両者を媒介するであろう価値意識の変革、すなわち障害の積極的受容にむけての価値観の変革を前提的に議論しなければならないという点だろうとおもわれます。

発達保障論を全面的に否定したのが、先に紹介した全障連の運動でした。私の長年の知人だった故・楠敏雄さん（全障連全国幹事）は運動の意味を次のようにまとめていました。①障害者自身が強くなり、自らの「障害」を堂々と主張しながら、自立をかちとっていくこと（障害者解放）②障害者をとりまく健常者が、障害者の生き方にふれて、自らの障害者観、人間観を変革していくこと（健常者解放）③障害者の自立と健常者の意識変革を通して、利益中心の社会、人間をふるいわけていく社会そのものの変革をめざしていくこと（社会変革）。このことをつうじて、障害者の解放を「障害からの解放」ではなく、「差別からの解放」としてとらえるべきことを強調していました（『「障害者」解放とは何か――「障害者」として生きることと解放運動』柘植書房、一九八二年、二〇‐二二頁)。

最近では発達保障論についての声高な議論がほとんど聞かれなくなりましたが、逆にいえば、それは発達保障論的エトスがある程度まで定着してしまったことの反映でもありましょう。妙な譬喩かもしれませんが、ナチスばりのハードな優生主義が、今日ではマイルドでプライベートな日常的優生思想に様がわりして定着しつつあることに類似しているようにもおもわれます。「どもる(異常)よりはどもらない(正常)ほうが良い」との価値意識に真向から対抗して、「どもったままで人間として自由になる」という〝吃音者宣言〟路線が苦戦を強いられるのは、如上の状況的文脈からして、ある程度までやむをえないことなのかもしれません。

2‐3 医療化社会の進展

「医療化」という概念を一言で説明すれば、病気を社会的に構築すること(病気のデッチあげ過程)といえましょう。一般的な文脈においては、のぞましくない(とされる)行為を、医学的な干渉や介入が必要な〝病気〟としてとらえる傾向からはじまり、やがては政治的、社会的、道徳的な領域にまで医学的診断・治療が拡張されていく動向を意味します(逸脱の医療化)。医療化概念は、専門家権力とイデオロギー的支配の問題を焦点化するものであるだけに、ことに医療社会学の領域では近年ますます意義のある概念とみなされるにいたっています。

「どんな社会でも安定しようとすれば証明書つきの異常を必要とする」と言明したのはイヴァン・イリッチです（金子嗣郎訳『脱病院化社会：医療の限界』晶文社、二刷、二〇〇一年、九〇頁）。社会によってつくりあげられた病気に医学的専門家が名前をあたえ、官僚がそれに政策的に対応するという動向のなかで、「ちょっと変った子」「少し困った子」がいまや医学カテゴリーの〝餌食〟になっています。二〇〇四年の文部科学省のガイドラインでは、「特別支援教育」はいわゆる従来の障害児教育の対象者だけを対象にするのではなく、LD（学習障害）、ADHD（注意欠陥／多動性障害）、高機能自閉症をもふくめて教育・指導すべきであるとしていました。このことの問題点については後述します。

そこで想起されるのが、機能主義の社会学者タルコット・パーソンズの〝病者役割＝sick-roll〟概念です。病者役割にかんする制度化された期待体系には次の四つの側面があるとかんがえられています。①正常な社会的役割の責務を免除され、病気という状態に責任をとらなくてよい。②病気の状態は条件付きで正当なものとみなされる。③病者は回復しようとする義務を負う。④援助の必要性を受容し、援助者（医者等）に協力する義務がある（佐藤勉訳『社会体系論』青木書店、第一版第一七刷、一九九七年、四三二頁）。ここにみられる特徴は、いわば〝価値コンセンサス〟のモデルであって、医者が診療の権限をもち、病者の役割を定義し、病者がその役割に参入することがひとつのシステムとして自明視されています。このシステムにおいては、医者が社会統制のエージェントとして機能することになるわけです。

人間ドックの現状を見てみましょう。日本人間ドック学会の各年度版『人間ドックの現況』をみると、「全項目で異常の認められなかった受診者」（スーパーノーマル）は一九八四年には二九・八％でしたが、二〇〇八年には九・六％に激減し、さらに二〇一四年には六・六％に減少しています。この国の人びとはこの三〇年間で極端に不健康になったようにみえます。「異常なし」減少の要因を日本人間ドック学会は、①ドック受診者の高齢化②社会環境悪化によるストレス増③食習慣の欧米化と運動不足④専門学会による病態識別値の四点から説明しており、それぞれ正しい説明になっていると私もおもいますが、本稿の文脈においてもっとも注目されるのが④専門学会による病態識別値の変動という問題です。

たとえば、血圧。一九八七年段階では、厚生省（当時）の基準値は「上（収縮期血圧）が一八〇未満、下（拡張期血圧）が一〇〇未満」でしたが、二〇〇〇年には日本高血圧学会が六〇歳の場合「上が一四〇未満、下が九〇未満」というガイドラインを策定し、さらに二〇〇八年からの特定健診では「上が一三〇未満、下が八五未満」を正常範囲としました。一九八七年基準で高血圧症と診断された人は約一七〇万人でしたが、二〇〇八年基準では約二七〇〇万人に達し、高血圧症患者数は二〇年ほどの間に実に約一六倍に増加したことになるのです。また、最近の動向をみると、米国立心肺血液研究所は二〇一五年九月、心臓病のリスクを減らすには、最高血圧（収縮期血圧）を〃一二〇以下〃にすることを目指すべきだとの研究報告を発表しました。厚労省『国民健康・栄養調査報告』（二〇一三年）によると、この国の成人男性の平均血圧（収縮期）は一三五・三、女性は一二九・五ですから、特定健診の基準をあてはめれば、男性は半分以上、女性は半分ちかくがそれぞれ高血圧症ないし予備軍と診断されることになるのですが、仮に前記の米国立心肺血液研究所報告の基準（一二〇以下）が適用されると、男女とも七～八割ほどが高血圧症または予備軍としてカウントされることになりそうです。

さて、吃音問題に話をもどします。吃音の医療化も着々とすすめられています。二〇〇五年制定の「発達障害者支援法」は吃音を発達障害の範疇にふくめました。同法二条は発達障害を「自閉症、アスペルガー症候群その他の広汎性発達障害、学習障害、注意欠陥多動性障害、その他これに類する脳機能障害であってその症状が通常低年齢において発現するもの」と定義していますが、吃音は「その他これに類する脳機能障害」に該当するようです。同法第一条には発達障害者の就労支援などの項目もあるため、吃音者のなかには同法を歓迎しているむきもあるといわれています。

発達障害という概念ですが、管見の限りでは、アメリカ精神医学会「Diagnostic and Statistical Manual of Mental Disorders」の第三版改訂版（DSM‐Ⅲ‐R、一九八七年）に初めて〃developmental disorders（発達障害）〃として登場したとおもいます。上記DSM‐Ⅲ‐Rによる発達障害の定義をみると、(a)主な障害が、認知・言語・運動あるいは社会的技能の獲得において存在する。(b)この障害は、知的障害・特異的発達障害・広汎性発達障害を含む。(c)慢性の傾向があり、障害の幾つかの特徴は、安定して成人期以降まで持続する、となっています。

その後、発達障害は急増していきます。ドイツ系アメリカ人の精神科医レオ・カナーが最初に自閉症を記載したのは一九四三年のことでした（Kanner, L.1943, *Autistic Disturbances of Affective Contact.* Nervous Child, 2, pp.217-250.）。当時の自閉症の出現率はおよそ一〇、〇〇〇人に一人とされていましたが、一九八〇年代後半以降「自閉症スペクトラム」概念が登場し、自閉症の連続性が強調された結果、自閉症＋アスペルガー症候群の出現率はおよそ一、〇〇〇人に一〜二人に増えました。さらに一九九〇年代中頃以降、自閉症スペクトラムの範疇が拡大され、広汎性発達障害の名称も創造され（ＡＤＨＤやＬＤをふくむ）、出現率はおよそ一〇〇人に一人というように急増しました。発達障害にも診断上のインフレ現象がおきてきたことがわかります。上記変動についての記述は、臨床心理学者・坂爪一幸さんが引用した文献（Baron-Cohen, S.2008,*Autism and Asperger Syndrome.* Oxford University Press）からの孫引きです（「発達障害の増加と懸念される原因についての一考察――診断、社会受容、あるいは胎児環境の変化」、早稲田大学教育総合研究所紀要『早稲田教育評論』第二六巻第一号、二〇一二年三月、二七頁）。

決定的な問題は、やはり〝スペクトラム〟概念の創出でしょう。スペクトラムとは、いわば〝連続性〟を意味しますが、それは〝健常〟と〝障害〟の連続性のことを示します。連続性の何処に閾を設定するかによって、出現率が増減する状況は、既述の血圧問題と相似的であるようにもおもえます。文部科学省『特別支援教育資料』（二〇一一年度）によると、障害児童生徒・発達障害児は、ここ一五年で二倍以上も増加したということです。こうした状況について前記・坂爪一幸さんは「発達障害の存在が疑われる〝境界例〟、あるいは発達障害の特徴を有する〝健常例〟を、発達〝障害例〟に取り込んでしまった可能性がある」と指摘しており（同頁）、私としても首肯できます。子どもたちは、カウンセラー、他人と違う個性や才能は精神医学によって「障害」とされてしまう。学校医、教師、ＰＴＡ、親たちによって「自称専門家」へと連れていかれ、社会から排除され治療される（場合によっては、中枢神経刺激薬や向精神病薬等も投与されることがある）ことになります。

ところで、国立障害者リハビリテーションセンター研究所感覚機能系障害研究部は、吃音を発達性吃音と獲得性吃音とに分類し、その要因を次のように解説しています。全体の九割を占める発達性吃音の要因として、体質的要因（子ども自身が持つ吃音になりやすい何らかの特徴）、発達的要因（身体・認知・言語・情緒が発達する時期の影響）、環境要因（周囲の人との関係や生活上の出来事）の三種類に分類し、他方、獲得性吃音については、神経学的疾患や脳損傷などにより発症する獲得性神経原性吃音、心的なストレスや外傷体験に続いて生じる獲得性心因性吃音などをあげています（http://www.rehab.go.jp/ri/noukinou/noukinou.html）。

このHPでは吃音と脳機能との関係に着目し、以下のようにも記述しています。「吃音のある人が話しているときの脳の活動を調べると、吃音のない人と異なる特徴があることが指摘されています。⑴吃音が生じているときに脳の右半球が大きく活動している（2）吃音が生じているときに左半球の聴覚野（音を聞いたときに活動する領域）の活動が低い」と。獲得性吃音（神経学的疾患や脳損傷などにより発症する獲得性神経原性吃音）の頻度を一割以下と見積もりつつ、「脳機能」に多言を弄するのはあきらかに矛盾していますが、私の見るところ、どうしても吃音を「発達障害」カテゴリーに加えたいという治療主義、すなわち〝脳〟に着目した〝吃音の医療化〟への執着が顕著に見られるのです。

私は本稿において、そもそも吃音を障害の範疇で理解すべきなのかどうかについては一切記述いたしません。世界保健機関（WHO）の『国際疾病分類』第一〇改訂版（ICD‐10）は、吃音を「通常小児期および青年期に発症する行動および情緒の障害」、つまり行動・情緒障害の一種として分類しています。私はこの規定には同意しないのですが、吃音が障害なのかどうかについてはペンディングにする姿勢を私は一貫して保持し続けています。ただし、吃音を障害としてとらえ、発達保障論的に治療やリハビリテーションをつうじて矯正・改善・治癒する医療化の方向性には賛成できません。先に紹介した国立障害者リハビリテーションセンター研究所感覚機能系障害研究部は、吃音の特徴を「話し言葉の非流暢性」に求めています。いかにももっともらしいのですが、吃音者それぞれの自らの発話の流暢さについての悩みや評価はまちまちであって、相当重度にどもっていても全然苦にしない人もいれば、客観的には吃っているかどうかがわからないほど軽い吃音者がおおいに悩んでいることもあるのが現実です。

冒頭に紹介した伊藤伸二さんの吃音定義には社会学的にもうなずけるものがあります。すなわち、「話しことばの特徴を、マイナスのものと意識して初めて、言語病理学の研究・臨床の吃音になり、症状を治す・軽減する対象になってしまう」というわけです（向谷地生良・伊藤伸二『吃音の当事者研究――どもる人たちが〈べてるの家〉と出会った』金子書房、二〇一三年、二一八頁）。子どもの発話は当初、たいていが流暢ではありません。この非流暢性を周囲（医師、教師、親など）が〝どもり〟だと診断すること（スティグマ・レイベリング）によって吃音がはじまるという捉え方がおそらく正しいのではないかと私は主観的にかんがえていますが、伊藤さんはこの診断起因説を誤りであると否定し、吃音の原因は、吃音を〝マイナスのもの〟ととらえるところにあるとしています。いずれにせよ、吃音問題は、吃音症状だけが問題になるのではなく、聞き手の反応、本人の態度等によって構成される、すぐれて社会学的な人権問題でもあるのです。早い話が、二人だけから成り立つ集団で一方が吃音者、他方が非吃音者である場合、どちらが〝正常〟でどちらが〝異常〟であるかなどという問題はそもそも構成されません。三人以上の集団で、少数派が吃音者、多数派が非吃音者であるときに、事態が尖鋭化することになるだけのことです。すなわち、問題の本質は非常に相対的であり、当該集団の質、集団内の相互作用のありようによって〝逸脱〟であるか否かが規定されるとかんがえるべきです。

しかし、現実には吃音が発達障害のカテゴリーに加えられ、矯正・治療の対象となる医療化の動向はますます顕著になるはずです。一旦獲得した専門的権力を発達障害のエキスパートが容易に手放すとはかんがえられないからです。いささか話はとびますが、すでに紹介したアメリカ精神医学会のＤＳＭ‐Ⅲでは同性愛が診断・治療のマニュアルから削除され、同性愛は見事に脱医療化を達成しました。医療化の対象とされた同性愛の人びとの異議申立て運動が同性愛を差別問題として構築し、それによって同性愛の脱医療化が達成されたのです。〝吃音者宣言〟路線が「どもって何が悪い！　流暢にどもって自由になろう」というコンセンサスを形成していくことができるなら、吃音の脱医療化もまんざらユメではないどころか、夜明けがちかいようにも私はかんじています。

3．私が〝吃音者宣言〟路線に賛同する理由

私は一九六四年、初めて部落問題との実質的な出会いをはたしました。「同和問題の解決は国の責務であり、同時に国民的課題である」とうたう同和対策審議会答申の前年、この答申をうけ

て同和対策事業特別措置法が制定される五年前のことでした。大阪市立大学文学部社会学教室が大阪市の委嘱をうけて実施した被差別部落の実態調査の調査員として動員されたのですが、そこで現認した部落の状況の、そのあまりの「悲惨・貧困・差別」に愕然とした記憶はいまにいたるもなお鮮明です。かくも深刻な問題をどうすれば解決することができるのだろうかと、私は無責任ながら、個人的にはきわめてデスペレートな気分に落ち込んでしまいました。そのように思い悩んでいた一九歳か二〇歳の頃、たまたまカール・マルクスの『賃労働と資本』（大著『資本論』の入門書のような書物です）に遭遇し、俗にいう〝目から鱗がおちる〟タイプの知的で感動的な体験をしました。そこには次のような一節がふくまれていたのです。

「黒人は黒人である。一定の諸関係のもとで、はじめて彼は奴隷となる」（村田陽一訳、国民文庫版、一九五六年、四四頁）。

マルクスの含意はあきらかです。黒人が奴隷にされた理由は、その肌の黒さによるものではなく、白人によって奴隷にされるような「一定の諸関係」によるものであり、したがって、黒人解放は黒人の肌を白くすることではなく、黒人を奴隷にしてしまうような社会関係（搾取・侵略・抑圧・差別等々の経済的、政治的、社会的な諸関係）の変革を実現することによってのみ可能になるという理論です。マルクスの言明はすべての差別問題の解決の道筋をしめすテーゼであると私はとらえ、あのデスペレートな気分から〝夜明けはちかい〟の楽観性を獲得することができました。つまり、こういうことです。差別問題の解決策は、黒人を白くすることではなく、女性を男性に変えることではなく、障害者を健常者にする（近づける）ことではなく、吃音者を非吃音者にすることではなく、黒人は黒人のまま、女性は女性のまま、障害者は障害をもったまま、吃音者はどもったまま、それぞれ人間としてトータルに解放されることが問題解決の道筋であり、そのためには〝諸関係の変革〟こそが絶対不可欠であるということです。

きびしいアパルトヘイトが撤廃される前の南アフリカにおいて、南アフリカ学生機構（SASO）は早くも政策宣言を発表しましたが（一九七二年）、そのなかには次のような綱領がふくまれていました。「黒人は自らの価値体系をきずきあげ、他人から定義されるのではなく、自ら定義するものとして自己をみつめねばならない」と。この政策宣言の趣意は、ブラジルの成人識字運動の指導者パウロ・フレイレにおける〝意識化〟の概念をも想起させるものです。意識化とは、抑圧され非人間化され〝沈黙の文化〟のなかに埋没させられてきた民衆が「学習」によって、自己と、他者や現実社会との社会的関係性を認識し、意味化する力を獲得しながら、それらの関係性を変革して人間化しようとする自己解放・相互解放の実践の総体を意味します（小沢有作ほか訳『被抑圧者の教育学』亜紀書房、一九七九年、序章参照）。

そして、被差別マイノリティにおける〝意識化〟が次のようなスローガン的なテーゼとして言説化されたことは周知の事実でしょう。①吾々がエタであることを誇りうる時がきたのだ（水平

社宣言　一九二二年）、②Black is beautiful！（一九六〇年代以降）、③Gay is the way！（一九七〇年代以降）。これらは、すべて既述したような〝開き直り〟型アイデンティティ管理を具現するものであり、この一連の流れのなかに、「私たちが吃音者であることをここに宣言する」（吃音者宣言一九七六年）も確実に位置づけられるはずです。

本稿二項の冒頭で、私は「同化は統合され、異化は排除される」という命題について議論しましたが、再考するに、この命題はなかば正しく、なかば正しくありません。というのは、この差別社会において、「同化」すれば本当に「包摂」されるのかどうか、そこにはいささか怪しいものがあるからです。障害者の「同化」とは健常者モデルに接近することであり、吃音者の「同化」とは非吃音者モデルへの接近を意味します。「同化」への努力は並たいていのことではないにもかかわらず、障害者や吃音者が仮に完全に「同化」を果たしえたとしても、しばしば「元障害者」「元吃音者」として処遇されてしまうことがおおい。つまり、差別社会というものは、被差別者に「同化」を強制しながら「同化」者を包摂しない、そういう罠のような仕組みを構造化しているのです。

その点で、すでに紹介した文化人類学者メアリ・ダグラスの、「我々の汚穢（ケガレ）に関する行動は、一般に尊重されてきた分類を混乱させる観念とか、それと矛盾しそうな一切の対象または観念を非とする反応にほかならない」という言明はやはり正しいのです。彼女はまたこうも言っています、「ケガレのあるところには必ず体系（秩序）が存在するのだ」と（前掲書、七九頁）。

人びとがケガレをおそれ、ケガレを排除しようとするのは、それが体系すなわち秩序を混乱させるものと観念するからです。であればケガレのレイベリングを受けた側はケガレの不在を強調して許しを乞うのではなく、ケガレを表面化させ正面化させることが反差別の正攻法になることについてはもはや贅言は不要とおもわれます。ケガレ問題の解決は、ケガレを消去することではなく、体系（秩序）を改変するところからしか始まりません。

4．「治る」と「治す」との距離

医療従事者、とくに、医師は受診者を患者にすることも、また健康人にすることもできます。というのも、医師にその職能的権限があるという以前の問題として、病人は受診行動に出た途端、自己の定義をひとまず医師に全面委譲することになるからであり、それゆえ〝病人〟は医師の宣告を拝聴することによって〝患者〟になるわけです。その際、〝病人〟は自我を医師に委譲するのみならず、タルコット・パーソンズ流にいえば、医師に全面協力する義務を課せられることになります。つまり、〝病人〟は教育をとおして〝患者〟である自己を学習するのです。医療のビューロクラシー（官僚制化）と医師のパターナリズム（専門家支配）とが相乗的に作用し、結果的に〝病人〟は病院規範に同調ないし過剰同調して、文字どおりの〝患者〟になりきり、闘病の主•

体から治療の客体に変貌していくのが一般的にみられる経過です。

病者が医療の場で医師に対面したとき、一般に、「私の病気、治りますでしょうか」と問いかけることはあっても、「私の病気、治せますでしょうか」ということは滅多にありません。後者の発言が医師にたいして失礼であるという病者側の常識が作動するためと普通にはかんがえられますが、それだけではありません。このふたつの問いかけの内容には、病者の医師にたいする期待の内容が反映しているようにおもわれるのです。

つまり、「治りますか」という問いかけには、現在の困難から脱してなんとか本来的な自己の全人的〝私〟を取り戻せるかという趣意があるのにたいし、「治せますか」には、たとえば現在の自分の胃痛を治すことが可能かどうかという意味合いが濃いように感じられます。病者が「治りますか」と問いかけても、あるいは仮に「治せますか」と問いかけても、医師はいずれにたいしても「治ります」と返答し、ときには「治るのは困難です」と答えるのが一般的ですが、この場合の医師の「治る」発言の内実は「治せる」「治せない」のステージを含意します。医師がみせるこのような姿勢は個々の医師の特性によるものではなく、まさに近現代の医療パラダイムの総体が作用してしょうじる必然的な現象であるとかんがえるべきです。ここでいう近現代の医学パラダイムの問題とは、ごく単純化していえば、(a)病気と病者の分離（人間的側面の軽視と疾患的側面の重視）(b)全体の部分化ということになりましょう。

自然科学の領域において発展してきた近現代医学は、病気と病者とを区別してとらえ、病気にのみ関心を焦点化する結果、病者の〝全人性〟を割愛し、病気のみを細密に検討することになると同時に、その路線上において全体を部分に分解して臓器パーツを問題化し、部分が修復できれば全体が回復するという不動の信念を獲得して現在にいたっているわけです。その結果、「手術は成功したが、患者は死んだ」というブラック・ジョークが医療の世界では至極まじめな職業的会話として展開されることにもなるわけです。

上記したところは、たとえば癌といった疾患とその治療において典型的にみられ、〝治す〟側の視程はどこまでも個々の臓器に発生した癌とそれによる症状にさだめられる結果、他のどの医師も経験したことがないほどに癌を綺麗に切除したにもかかわらず、肝心要の患者が助からなかったなどという事態が発生するわけです。ことは吃音についても同様だとおもいます。〝治す〟側のまなざしが常に吃音（症状）にのみ限局される結果、吃音者の思想性、文化性、関係性等々はおおむね等閑視されてしまうのです。ここで再度、〝治す〟と〝治る〟という用語をもちいるならば、〝治す〟は部分修繕的な治療に関連し、〝治る〟は人間の全体的回復に関連する言葉であることがわかるはずです。

小児精神科医の石川憲彦さんは、「用具主義的なことばの表象形態を存在の根底から切り離すためのトリックが作動したときにのみ、ことばは治療の対象となっていく」と見事にことの本質をついています（『治療という幻想――障害の医療からみえること』現代書館、一九八八年、二一七頁）。むろん、この記述は吃音にかかわってのものではありませんが、その言わんとするところは、上述した近現代の医療パラダイム批判へと収斂するものであり、当然、吃音矯正への批判的論点ともかさなるものです。病気だけを病人から切り離すように、ことばを道具的にとらえて人間的存在から切り離すようなトリックが成立したときに、ことばが治療されていくのです。しかし、ことばは、いうまでもなく、単なる道具（用具）なのではなく、まさに人間存在の根底をなすものだといえます。人間が理性的な動物であるといわれ、道具をつくる存在たり得たのは、ひとえに人間が〝ことばを話す動物〟であったという事実に由来する点についてはもはや多言は不要でしょう。それゆえ、前記・篠原睦治さんにいわせれば、「〈ことば〉を相互関係的共同生活のなかで、そのゆえに存在するものとして位置づかせる志向性が求められている」ということになるわけです（前掲書、一〇九頁）。

ことばが人間存在の根底をなすものであり、人間の相互関係的共同性の原器であるとすれば、どもって発話しても、どもらずに発話しても、もともとそこに価値上の差異などあろうはずもありません。それゆえ、本来、吃音は治療やリハビリや矯正の対象たり得ないのです。したがって、問題の所在は次のように言い換える必要があるとおもいます。すなわち、吃音を〝治す〟のではなく、吃音を恥とし、吃音矯正に懸命になって、人間として自由に生きていくことをおろそかにしている吃音者が、みずから吃音者であることを承認したうえで人間として〝治る〟、つまり、人間として自ら〝たちなおる〟、そのことこそが決定的に重要なのだとかんがえるべきなのです。自ら〝たちなおる〟ということは、「どもっていて何が悪い！」という逆転型のアイデンティティ管理のもとに、新たな自分との出会い直しをはたすことであり、また、それは同時に、新たな他者との出会い直し＝関係の組み直しにも敏感に反応するようになることだとおもわれます。

上記したところは、吃音者におけるある種の〝意識化〟（パウロ・フレイレ）の作動を意味します。人びとにおける意識化の実践は、不可避的に人びとの性格の変化をうながします。私が敬愛する社会学者エーリッヒ・フロムは、人間の性格が変わりうる条件を次の四点にまとめています。①私たちが苦しんでいて、しかもそのことに気づいている。②私たちが不幸の原因を認めている。③不幸を克服する方法があることを私たちが認めている。④不幸を克服するためには、生きるためのある種の規範に従い、現在の生活慣習を変えなければならないことを私たちが容認している（佐野哲郎訳『生きるということ』紀伊國屋書店、二一刷、一九八七年、二二五頁）。ちなみにフロムは上記四条件が仏教でいうところの〝四諦《したい》〟に対応していることを強調しています。〝諦〟は〝真理〟を意味し、①苦諦《くたい》は迷いの生存が苦であるという真理、②集諦《じったい》はつきない欲望が苦を生起させるという真理、③滅諦《めったい》は欲望消滅の状態が苦滅の理想的境地であるという真理、④道諦《どうたい》は苦滅のためには八正道という正しい修行法をとらねばならないという真理をそれぞれ表現しており、仏教ではこの四諦をもってしばしば治病の原理としているのですが、ここではこれ以上の深入りを避けますので、詳細については拙稿（「〝こころ〟と〝からだ〟に関する仏教社会学的人権論・序説」、『人権教育研究』第二四号、花園大学人権教育研究センター、二〇一六年三月、一八一－二〇二頁）をご参照ください。

フロムの論点を吃音問題に引き寄せて、常識的に解釈すれば、次のようになります。すなわち、吃音者は吃音に苦しんでいる自分を自覚しており、その自分の不幸の原因がどもることにあることを知っており、どもりを克服するには治療・矯正という方法があることを認識しており、自己の不幸を克服するにはどもりを放置している現在の生活習慣を改めて治療・矯正に邁進しなければならないことを認めている、ということになります。しかし、この解釈ではまったくミもフタもありません。それどころか、私の如上の論理展開と真逆の結論ということになります。そうではなく、吃音者の苦しみの根源は、吃音にのみこだわって自己の真実の生活を見失っていることにあり、どもりを治す努力が実を結ばないことによる不安や焦燥が自分を不幸にしていることを理解しており、したがって、どもりながら本来的な自分の生活のありようを模索するところに不幸克服の道筋があることを認識し、どもりを治すことに執着せず、あるがままに自由にどもりつつ他者との新たな関係性をきり結ぶべく生活世界を改変していくことを認識している――、このことこそが吃音問題における〝四諦〟理解の本筋だと主張したいのです。

伊藤伸二さんは、私が本稿において縷々概説したところをきわめて平易に、かつ過不足なく論述しているので、最後にそれを引用しておきます。

「治らないから受けいれるという消極的なものではなく、いつまでも治ることにこだわると損だという戦略的なものでもない。どもらない人に一歩でも近づこうとするのではなく、私たちはどもる言語を話す少数者として、どもりそのものを磨き、どもりの文化を作ってもいいのではないか。どもるという自覚を持ち、自らの文化をもてたとき、どもらない人と対等に向き合い、つながっていけるのではないか」(『新・吃音者宣言』芳賀書店、一九九九年、一七六頁)。

5. おわりに

毎日新聞社は吃音者を対象にした全国アンケート調査を実施し、回答者の六割が「学校や職場でいじめや差別を受けた」という実態を報道しました(二〇一六年八月一七日付朝刊)。そもそも吃音者の母集団(この国における吃音者の総数)も今回の調査対象者数も不明であるうえに、回答者がわずか八〇人というこの調査の結果を信頼することは困難です。毎日新聞社が四段見出しの大きな記事として扱った背景には、ある種のキャンペーン的な思惑があったものと推察されます。

この調査に協力した全国言友会連絡協議会の理事長が「障害者の不当な差別的取扱いを禁止す

る障害者差別解消法が今年、施行された。身近な障害である吃音のことを人びとにもっと知ってほしい」との談話を寄せ、また、吃音治療に取り組む九州大病院の医師からは、「原因は、言語中枢のある脳の左半球のネットワーク不全が定説だが、治療法は確立されていない。（略）社会が吃音を障害であると認識することが重要だ」との談話をとっていることから、結局、毎日新聞社としては吃音を障害として位置づけ、法律（発達障害者支援法や障害者差別解消法）による治療・リハビリ・矯正の推進および就労支援等の労働福祉政策の充実をもとめる議論を推進していることになります。この記事の筆者に、私は一九七〇年代中頃の自分の姿をみるようであり、気分はいたって複雑です。ここでも吃音の医療化が前提になっているようですが、問題の所在がそこにないことはすでに縷々のべてきたとおりです。

再度、前項までに議論してきたところを要約すれば、「吃音は生き方の問題」であり、それ以上でも以下でもないということになりましょう。すでに紹介した〝吃音者宣言〟の基調は、「どもりが治ってからの人生を夢みるより、今を大切に生きよう」ということでした。

しかし、一方には、前記新聞記事にもあるように、どうしても吃音を治したい、流暢な発話を獲得したいとねがう吃音者が存在することも事実です。それに応えようとするのが吃音治療・矯正というある種の医学的対応ですが、ただし、これまでのところ、吃音が自然消滅するような形で寛解・改善することはあっても、治療・矯正によって〝完全治癒〟したというエビデンスは管見のかぎりでは非常に少ないのが現実です。〝吃音者宣言〟路線は、治そうとしても治らないから諦めるということではなく、そもそも治す努力それ自体を放棄し、いまある自分を丸ごと受けいれて、新しい自分、新しい他者との新しい出会い直しを創造しようとするところから出発するわけです。

〝どもり〟を治して非吃音文化に同化して包摂をもとめるのではなく、といって異化による排除にあまんじようとするのでもなく、いうなれば異化による新たな包摂の道筋をさがすこと、それが〝吃音者宣言〟路線であると私は観測し、その意味でこの路線をつよく支持するわけです。

ところで、一般的にいって、治そうとする人は、それが治療者であると当事者であるとにかかわらず、どうしても専門家的な立場をとることになります。吃音問題についても、本稿第二項でふれたように、吃音が二〇〇五年制定の「発達障害者支援法」で発達障害のカテゴリーに加えられて以降、明確に法的に医療化の対象にされてきました。吃音の原因は、実際のところ、現在も不明なのですが、治す立場を選択する以上、何らかの原因を特定せざるをえないわけで、そうした場合、専門家がしばしば依拠するのが〝脳〟です。既述したように、吃音もまた専門家によって、その一部（獲得性吃音）が神経学的疾患や脳損傷などにより発症する獲得性神経原性吃音、心的なストレスや外傷体験に続いて生じる獲得性心因性吃音として位置づけられ、その視点にもとづく薬物治療なども模索されています。

専門家によって脳が主題化されるときは要注意です。たとえば、脳死問題。脳死による死の判定は、脳が身体の有機的統合性を制御していることを前提にして実施されますが、これまでのところ、脳による身体の有機的統合性の制御を証明した論文は一本もありません。脳死状態になってもただちに心臓死にいたらないのは、心臓の鼓動は脳の支配を受けていないからです。それどころか、人間の有機的統合性は脳ではなく免疫系に依存しているとの説も有力です（多田富雄『免疫の意味論』青土社、一九九三年）。

〝脳〟への過大な意味付与が新たな優生思想とも親和的であることに、もっと注意すべきでありましょう。人間的価値の〝脳〟への特化という思想は、〝パーソン論〟と総称される差別的な生命倫理思想において具体的に示されています。意識・精神活動のない人間は〝人格〟をもたないので存在の意味を失っているとする発想です。代表的なパーソン論の唱導者H・T・エンゲルハートは、〝ヒトであっても人格ではない存在〟として、胎児、知的障害者、不可逆的昏睡状態（遷延性意識障害）、脳死（状態）、精子、卵子、受精卵、胚等をあげたうえで、「これらのものは、〝単なるヒト〟〝ヒトの単なる生物学的有機体〟であって生存権はなく、それらの生命を手段として使ってよい」との議論を展開しています（加藤尚武・飯田亘之監訳『バイオエシックスの基礎づけ』朝日出版社、一九八九年、一三二‐六頁）。吃音が発達障害の範疇にくわえられたことの無視できぬ問題性を指摘せざるをえない所以は、まさに問題所在の〝脳〟への特化がチラホラしている点にあります。健康問題全体についてのアンナ・カークランド（ミシガン大学准教授＝女性研究・政治科学）の言説に賛同しつつ、その一節を引用することで本稿を閉じたいとおもいます。

「（健康が）強力な経済的および研究的な利害関係によって、強引で度がすぎたレトリックによって、大衆のパニックや誤った情報によって、科学的妥当性という非常に頑丈で見事な見せかけによって、よりいっそう支持されていったこと、そしてそれと同時に、ますます自己概念と達成の源として利用されるようになってきている」（J・M・メッツル、A・カークランド編『不健康は悪なのか――健康をモラル化する社会』、細澤仁ほか訳、みすず書房、二〇一六年、第二刷、二四三頁）。

第5章　在野学からみえる社会学の言語表現

1. たとえば、「私」について

インターネットの検索エンジンをもちいて私の氏名（八木晃介）を検索すると、最初にヒットするのがインターネット百科事典〝ウィキペディア〟です。そこには以下のように記載されています。

「八木 晃介（やぎ こうすけ、一九四四年九月-）は、日本の社会学者、差別問題研究家。花園大学名誉教授」と記したうえで、私の略歴として、「京都市生まれ。一九六七年大阪市立大学文学部社会学科卒、毎日新聞記者となり、千葉支局、東京・大阪両本社学芸部で勤務した後、一九九一年退社、一九九二年花園大学文学部教授・同人権教育研究センター所長。二〇〇九年退職、特任教授、二〇一五年名誉教授。上田正昭、水野直樹らと共に『朝鮮学校を支える会』の呼びかけ人も務めている。また、部落解放同盟と連携し、部落差別問題に取り組んでいる。安楽死、尊厳死の法制化に反対であり、『安楽死・尊厳死法制化を阻止する会』の世話人も務めている。近年は禁煙ファシズムなど国家による健康統制に疑念を表明している」などと紹介し、さらに私の著書（単著）を二〇冊ほど紹介してくれています。

誰が書いたものかは知るよしもなく、また〝ウィキペディア〟の方向性がやや右向きで、しかも、事実の記述に誤謬がふくまれていることが少なくなく、ゆえに私はこれを滅多に利用しませんが、前掲の私についての紹介文についていえば、卒業学科名や大学退職時期の誤記といった細部はともかくとして、大筋のところでは間違っていません。

〝ウィキペディア〟に描出された「日本の社会学者、差別問題研究家。花園大学名誉教授」については、一方で私もそれが私のアイデンティティの中核要素の一つであるような気分になりつつも、他方においては何かしっくりと胸におちないものを感じ続けています。長く「差別問題の社会学」を専攻してきたこと、四〇冊ちかい著書（単著）の半分以上がその領域にかかわる作品であったことは事実だとしても、ホンモノの（つまり、オーソドックスでアカデミックな）社会学者であるか否かを自問したときに、やはり、少なからず赤面しないではいられない自分自身を自覚しているからだとおもいます。

学部で社会学を専攻はしたものの、大学院に進学しなかった私は、社会学研究についてアカデミックなトレーニングを本格的にうけたことがなく、ほぼ全面的に〝独学〟で押し通してきたとおもっています。ただ私にとって有利な条件があったとすれば、それは学部卒業後に就職した毎日新聞社における持ち場が学芸部だったこと、そこで社会科学一般と医学、くわえて差別問題の担当記者でありつづけたことでした。このようにかなり恵まれた職業環境があったればこそ、私は、礫川全次さんが強調される「独学者の原点（心構え）」、すなわち①若いときの関心を持続せよ②最初の発想を大切にせよ③研究の成果をまとめ、公表せよ（礫川全次著『独学の冒険・浪費する情報から知の発見へ』批評社、二〇一五年、六一-六九頁）――を、限界含みながらある程度まで実践できたのではないかと今にして振り返ることができます。

私が部落問題にはじめて接触したのは一九六四年の春、まだ教養部在籍中で、当時文学部に設置されていた一一の専攻のどれに進むかを決めていない時点でした。大阪市立大学の社会学教室が大阪市の委嘱で実施した被差別部落の生活実態調査にたまたま調査員として参加することになり、住吉区の住吉部落に入ったのが出発点でした。「部落問題の解決は国の責務であり、同時に国民的課題である」とうたった同和対策審議会答申（総理府）がだされる前年のことであり、当時の被差別部落は厳しい差別と、それによる悲惨・貧困に埋めつくされている状況でした。京都市で生まれ育った私は、むろん、被差別部落の存在や部落差別の厳存を観念的には一定理解しているつもりでしたが、しかし、現認したその実態には私の想像を絶するものがありました。ただ、私が最初に体験した住吉部落において、そのような絶望的な環境をものともせず、怖めず臆せず、正直に爽やかに清潔に部落解放運動をたたかう住田利雄さん、大川恵美子さん（いずれも故人）といった人々に出会って親交をもてたことは私にとって最大の幸運でした。そのとき、私は「将来どんな仕事をすることになっても、少なくともこのような人々を絶対に裏切るようなことをしてはならない」と決意し、それが以後の私の生活綱領になったといっても過言ではありません。

住吉部落経験の後、社会学教室にはいる前後、大阪市内や関西一円の被差別部落をいくつも経験するのですが、状況はいずれも極端に劣悪であり、周囲の差別意識も猛烈であって、戦後部落解放理論構築に寄与した朝田善之助さん（元部落解放同盟中央執行委員長・故人）の「日常部落に生起する問題で部落民にとって不利益な問題は一切差別である」という有名な極論的テーゼがまさに問題状況の説明原理としておおいなる有効性をもっていたとおもいます。とはいえ、実際の課題として自分は何をどうかんがえ、どう行動すべきなのか、なかなか鮮明には見えてきませんでした。

人間は、一生の間に何度か「目の鱗がおちる」体験をするものです。暗闇に一条の光芒をみとめるあの感動です。その最初の体験は、私の場合、社会学を専攻するようになってしばらくして出会ったカール・マルクスです。彼の短い文献『賃労働と資本』のなかに、次のような一文を見出したとき、私は部落問題をふくむ差別問題がことごとく解決可能であると確信をもったのです。単純といえば単純ですが、それまでは幼い頭を抱えるばかりだったのに、マルクスを契機に「夜明けは遠くない」と信じるようになりました。

「黒人は黒人である。一定の諸関係のもとで、はじめて彼は奴隷となる」（村田陽一訳、国民文庫版、大月書店、一九五六年、四四頁)。

『賃労働と資本』は、大著『資本論』のいわば入門解説書のような書物であって、マルクス主義経済学をまなぶ人々の必読書と位置づけられる文献ですが、私は、これを独自に社会学の言説として掌握し、マルクスを社会学者として認識することにしました。今でこそマルクスは社会学史のなかに重要な位置を占めるにいたっていますが(もっともマルクス自身は自分のことを一度も社会学者として同定したことはなかったのですが)、そのようにとらえられるようになったのは、私の理解に間違いがなければ、一九七〇年代になって以降のことであり、そのことにもっとも尽力したのは英国の社会学者アンソニー・ギデンズ(トニー・ブレアのブレインでしたが、ブレアが米国のイラク戦争に加担することを表明したことに抗議し、ブレアから離れました)だったとおもいます。

上記マルクスの言説は、マルクスがリンカーンの奴隷解放政策を支持していたことと関連があると私は見ていますが、それはともかくとして、この言説は有名な水平社宣言(一九二二年)における「吾々がエタであることを誇り得る時がきたのだ」や、一九六〇年代以降の「Black is beautiful!」、また一九七〇年代からの「Gay is the way!」といった、いわば〝開き直り型アイデンティティ・コントロール〟のスローガンに直結する言説であって、私はかなり早い段階でそれを直感することによって目の鱗を落とすことができたのだとおもいます。要するに、黒人は肌の黒さゆえに白人の奴隷にされたのではなく、「一定の諸関係」、すなわち搾取・侵略・抑圧・差別といった経済的、政治的、社会的な諸関係こそが元凶であって、したがって、差別問題の解決は、黒人を白くすることでもなければ、女性を男性に変えることでもなく、障害者を健常者にちかづけることでもなく、部落民を非部落民にすることでもなく、まさに、黒人は黒人のまま、女性は女性のまま、障害者は障害をもったまま、部落民は部落民のまま、それぞれ人間として解放されることが眼目であって、そうした展望を窒息させる現行の「一定の諸関係」を否定し、オルタナティヴな「一定の諸関係」に変革すること、それが以後の私の差別問題にかかわる社会学研究についてのスタイルになり、そして、このことが本質的なところで現在の私の問題意識でもありつづけているわけです。

マルクスが徹して在野の研究者であったことが私を激励したことも事実です。マルクスは哲学の学位を取得しアカデミックな研究職につくことを目指したけれども、彼が所属したヘーゲル学派への弾圧が強まるなかで教職につくことを断念し、以後、『ライン新聞』の編集長に就任したりもしたものの、基本的には赤貧洗うがごとき生活をつづけるなかで（フリードリッヒ・エンゲルスらからの経済的支援はありましたが）、主として哲学・経済学、それに彼自身は意識しなかった社会学において瞠目すべき業績を蓄積しました。ちなみに、マルクスの先行者ヘーゲルは晩年にベルリン大学の正教授になりますが、それ以前には『バンベルク新聞』の編集者などをつとめていたこと、さらに私が部落問題に目覚めたのと同じ二〇歳前後の頃にフランス革命を体験して、「世の中には変わるということがあるのだ」と実感したというエピソードにも私はつよく刺激されていました。

ところで、私の五〇年ほどにもなる職業生活は、前半の新聞記者と後半の大学教員とでおおむね半分ずつということになります。前半の新聞記者生活では、最初の三年間ほどの千葉支局勤務を除けば、あとの二〇年余は東京本社と大阪本社の学芸部でのみ仕事をしました。新聞記者としては異例ともいえるありようが私にとって有利に作用したことは既述したとおりですが、その間、私はいつもマルクスとヘーゲルの新聞記者時代（その詳細をよくは把握できませんでしたが）を想像し、部落問題などの差別問題と、やはり反差別の視点で接近する医学・医療の取材分野において、なるべくアカデミックなジャーナリストたるべく努力し、その際、一方ではマルクスのいう現今の「一定の諸関係」の変革をめざし、他方ではヘーゲルの「世の中には変わるということがあるのだ」という実感の追体験を求めつづけていたと今にして思いあたります。

礫川全次さんが強調された①若いときの関心を持続せよ②最初の発想を大切にせよ、という「独学者の心構え」を保持しつつ、それをある程度まで実践し、そして、③研究の成果をまとめ、公表せよ、については、とにもかくにも「書くこと」に専念し、最初の『差別糾弾・その思想と歴史』（一九七六年二月、社会評論社のち批評社）から現在にいたるまでに四〇冊近い著書（単著）を積み上げてきたのですが、その半分ほどは新聞記者時代の仕事でした。これらの仕事が縁になって、大学に招聘されアカデミズムの世界で後半の職業生活をいとなむことになるのですが（とはいえ、私は大学に移ってからは〝ジャーナリスティックなアカデミシャン〟であることを志しました）、〝在野〟が、辞書的には「官途に就かないで民間にいること」（広辞苑）、「公職に就かず、民間にいること」（大辞林）であってみれば、新聞記者も私立大学教員も〝在野〟であるにはちがいありません。

オーソドックスな学的トレーニングを受けなかったことによって、逆に、私は「日本の社会学者」（ウィキペディア）たりえたのではないかと思っています。学派や学閥に縛られることなく、自由自在に社会学的な想像力を駆使し、差別問題や医学・医療問題の理解のために、〝ご都合主義〟にもみえるほどに、使える社会学理論はなんでも使うというある種の功利主義、つまり、個人的行動や社会制度を、それらが人間の幸福にもたらす効用を評価の基準に設定するという視座のもとに活動してきたからです。社会学プロパーの研究者からすれば、私が噴飯ものの議論を展開しているようにみえた場合があるかもしれませんが（実際にそのような批判を受けたこともあります）、私は全然それを気にすることがありませんでした。

というのも、私は私自身の〝感受性〟に依拠することを新聞記者時代からこころがけてきたからです。感受性などという、それこそ感性的で主観的な概念を用いること自体が職業的研究者からの批判・非難をよびおこすのですが、しかし、先に登場した英国の社会学者A・ギデンズなどは「社会学は、一人ひとりの経験の実在性を、否定するものでも軽んずるものでもない。むしろどちらかといえば、われわれ自身があらゆる面で組み込まれているより広い社会活動領域にたいする感受性を養うことで、われわれは、自分自身の個々の特質や、さらに他の人びとの個々の特質をより豊かに認識できるようになるのである」と指摘するほどです（松尾精文ほか訳『社会学』改訂新版、而立書房、一九九三年、一〇頁、傍点筆者）。

たとえば社会調査において、質的データを数量的に客観化することは方法的に困難ないし不可能とするのが社会学的常識でしょうが、私は、いくつかの地方自治体から委嘱された〝市民人権意識調査〟の解析において、この方法を意識的に採用し、相当に早い段階で、部落差別意識にかかわる〝ねたみ差別意識〟の両義性（純然たる差別意識と、モノトリ主義的傾向をもつ解放運動とそれに迎合する行政への正当な批判）をかなり鮮明に剔出することに成功しました。詳細は拙著『部落差別のソシオロジー・解放理論の脱＝構築のために』（批評社、一九九四年）の第一〇章「人権感覚の言説分析・意識調査における自由回答の分析」を参照していただきたいのですが、自由回答と選択肢回答とをじっくり読み切るなかで私の内部に立ち働いた感受性に依拠してその方法の採用に踏みきったのであって、これもまた独学的在野性に居直って蛮勇をふるった結果ということになるかもしれません。

2. たとえば、「G・ジンメル」について

一九世紀から二〇世紀への世紀転換期の社会学者（社会学の第二世代）として、エミール・デュルケーム、マックス・ウェーバー、ゲオルグ・ジンメルをあげることは今や常識であり、現に彼らの社会学理論（デュルケームの実証主義、ウェーバーの理解社会学、ジンメルの形式社会学）は現代社会学にたいしても無限の貢献をなしています。ただし、前項にふれたように、上記三人に先行するマルクスがA・ギデンズによって社会学の巨星として焦点化されたのは一九七〇年代でしたし、デュルケームとウェーバーを社会学理論発展の父として巨星化したのは米国の機能主義社会学者タルコット・パーソンズの一九三〇年代の仕事においてでした。ここでとりあげるジンメルについていえば、巨星的な位置づけをあたえられるようになったのは第二次大戦後のことであり、ロバート・K・マートンが自己の機能主義理論に、またハーバート・ブルーマーが自己の象徴的相互作用論に、さらにいえばピーター・L・バーガーが自己の役割理論にジンメルをとりいれたことが大きかったとされています。

独学者・私がジンメルに注目したのは、もちろん、上記のような学的潮流を下敷きにしてのことではなく、既述したようにマルクス『賃労働と資本』との出会いが偶然であったのとちょうどおなじように、まったくの偶然でした。「カラスのなかない日はあっても、いじめ報道のない日

はない」と、いじめが大きな社会問題になった一九八〇年代中頃、私も新聞記者としてその渦中に参入せざるをえなくなり、毎日新聞（大阪本社発行紙面）にいじめ問題を五回にわたって連載したのですが、その時、たまたま参考文献として手にしたのがジンメル著『秘密の社会学』（居安正訳、世界思想社、一九七九年）でした。その趣意を胸にして、私は一応納得できる連載を完成させえたと今でもかんがえています。そこには次のような非常に重要な一節がありました。

「排除されていない者は包括されている」（一〇九頁）。

当時のいじめ問題についての文献は、たとえば森田洋司・清水賢二著『いじめ・教室の病い』（金子書房、一九八六年）などを除くと、その大部分がいじめを〝いじめっ子〟対〝いじめられっ子〟の二者関係において論じていました。しかし、かんがえてみれば、教室には〝いじめっ子〟と〝いじめられっ子〟以外に、圧倒的多数の子どもが存在しているわけであり、おそらく問題の本質はむしろ加害当事者と被害当事者以外の圧倒的多数の子どもの質というか、そのありように伏在しているのではないかとおもわれたのです。この三者関係の構造の問題性は、各種の差別問題でもおおむね共通しているものといえるのであって、問題所在はつねに圧倒的多数の〝ふつうの市民〟に収斂していくのです。

〝いじめっ子〟と〝いじめられっ子〟以外の圧倒的多数者の教室内での位置的性格は、いわば〝傍観者〟ないし〝観衆〟であって、いずれもいじめの抑止力たりえず、むしろ無意識的・無自覚的な（場合によっては、意識的・自覚的な）いじめへの加担者以外のなにものでもないことが明らかです。その意味で、圧倒的多数におよぶ〝傍観者〟ないし〝観衆〟は排除されておらず、排除されていないという位置において、逆にむしろ排除する側に包摂されていることになるわけです。「排除されていない者は包括されている」という言説は、社会学的な差別論としてきわめて明晰であるといえるとおもいます。

ジンメルの明晰な言説が何に由来するのかといえば、それはジンメル自身が〝排除された者〟、すなわち〝異郷人〟あるいは〝余所者〟であったという事実です。ジンメルはその大著『社会学――社会化の諸形式についての研究』（居安正訳、下巻、白水社、一九九四年）のなかで、「異郷人についての補説」を配置していますが、補説とはいえ、実に日本語訳にして二三頁にわたる堂々たる論文です。紙数の関係で、ここではその詳細にはふれず、彼の〝排除された者＝異郷人〟への思い入れの深さだけを指摘しておきます（私はジンメルの異郷人論に触発されて、「〈排除〉と〈包摂〉の社会学・ジンメル社会学におけるストレンジャーと差別」と題する論文を執筆したことがあります。拙著『〈排除と包摂〉の社会学・差別問題における自我・アイデンティティ』批評社、二〇〇〇年に収めましたので、ご参照ください）。

ジンメルの異郷人性・余所者性とは、本稿の文脈においてはまさに〝在野性〟の別称です。もっとも彼は、在野にあることを享受したわけではなく、排除されたうえでの余儀なき在野人であったわけです。一方でジンメルは母校ベルリン大学から哲学博士の学位を取得し、大学教授資格試問にも合格し、他方では多彩で大量の業績を蓄積して高く評価されていたにもかかわらず、晩年までの約三〇年間、私講師や員外教授（いわば非正規教員であって、生活のための報酬を保証されるようなものではなかった）の位置に据えおかれ、ようやく一九一四年にシュトラスブルグ大学で哲学の正教授に就任するまで正規の教授職につくことができませんでした。しかも同時期に勃発した第一次大戦でもはや講義どころの騒ぎではなくなり、在任四年目、ほとんど正教授の活動もできないまま、大戦終結の直前に肝臓癌で死んでしまったのです。

ジンメルが不遇の境涯におかれたのには、大きく二つの理由があげられます。一つは、当時のドイツにおける社会学の位置、もう一つはユダヤ人の存在様式であって、別言すれば、社会学差別とユダヤ人差別をジンメルは一身に負ったのです。ジンメルの同時代人である仏国のデュルケームは社会学者を名乗り、他者からも社会学者として高く評価され、のみならずデュルケーム学派（デュルケミアン）まで形成したのですが、ジンメルの時代のドイツでは（とくにベルリン大学では）社会学がなお正統科学として認知されていなかったという次第です。

しかし、ジンメルの長期にわたる在野性を決定づけた最大の理由は、彼がユダヤ人であったことであり、たとえば、ジンメルの大著『社会学』の邦訳者・居安正さんは同書の訳者付論で「ユダヤ人としての彼がドイツ社会の〈異郷人〉であったこと」（前掲書、三七七頁）としるし、また、ジンメルとウェーバーの研究者・阿閉吉男さんはいっそう端的に「かれの昇進が遅かったのは、（略）かれがユダヤ人であったことが最大の理由である」（『ジンメルとウェーバー』、お茶の水書房、一九八一年、六二二頁）と断言しているように、この点は社会学史上の常識となっています。

この差別に起因する在野生活は、しかし、ジンメルの業績をきわめて豊かに、そして潤いにみちたものにしたと私は見ています。正教授になってからのジンメルの講義は、カントの倫理学をかわきりにペシミズム、ダーウィニズム、ショーペンハウアー、ニーチェ、ベルグソン等々を論じるもので、講義題目も認識論、哲学史、倫理学、美学、社会学、社会心理学というように多岐にわたったようです（前掲『ジンメルとウェーバー』、六二二頁）。講義のみならず、その著作の内容も非常に多様であって、高度にアカデミックな著作も多いけれども、軽妙でジャーナリスティックな大量のエッセーに私などはジンメルの〝在野での苦闘〟（むろん生活のための原稿料稼ぎもふくまれる）を感じ取り、一種の「同類の匂い」みたいなものを嗅ぎ取ることがおおいのです。

ジンメルの社会学を日本に紹介導入したのは、一八七三年に奈良市の被差別部落に生まれた社会学者・米田庄太郎さんでした。彼は若くして渡米し、コロンビア大学大学院でF・H・ギディングスから心理学的社会学を学び、その後、渡仏してコレージュ・ド・フランスで『模倣の法則』で有名なJ・G・タルドに師事し、やはり心理学的社会学を習得した当代一流の俊才でした。と同時に、ジンメルと同様、卓抜した才能を駆使してジャーナリズムの世界でもかなり活躍したようです。一九二〇年に京都帝大教授になったのは四七歳の頃、昇任が遅かったのは彼が被差別部落出身のゆえに同僚によって昇任を妨害されたためとする説もありますが、この点は真偽不明です。しかし、いずれにしても部落差別に苦しんでいたにちがいない彼が、ユダヤ人差別に悩まされていたジンメルに深く心を寄せないではいられなかったであろうと私は推察し、胸をつかれる思いでいっぱいになるのです。

3. たとえば、「社会学」と「在野学」との親和性について

私が学部で社会学を専攻しはじめた最初の講義で、ある教員が「社会学の定義は社会学者の数ほどにある」と述べたときには、正直、目を白黒させました。それならば、社会学の定義は不可能だということではないか、学問として定義できない社会学を今後どう勉強すればいいのか、と。

私が専任教授を退職するまで参加していた日本社会学会は、社会学の専攻分野を暫定的にではあるが、一応次のように分類しています。少々煩雑ですが、社会学の関心対象として興味深いので以下、羅列的に紹介します。

「社会哲学・社会思想・社会学史」「一般理論」「社会変動論」「社会集団・組織論」「階級・階層・社会移動」「家族」「農漁山村・地域社会」「都市」「生活構造」「政治・国際関係」「社会運動・

集合行動」「経営・産業・労働」「人口」「教育」「文化・宗教・道徳」「社会心理・社会意識」「コミュニケーション・情報・シンボル」「社会病理・社会問題」「社会福祉・社会保障・医療」「計画・開発」「社会学研究法・調査法・測定法」「経済」「社会史・民俗・生活史」「法律」「民族問題・ナショナリズム」「比較社会・地域研究」「差別問題」「性・世代」「知識・科学」「余暇・スポーツ」「その他」。

見てのとおり、社会学の関心領域は哲学、政治学、経済学、法学、宗教学、教育学、歴史学、医学等々の分野にまたがる極端に幅の広い視程をもっていることがわかります。ほとんど、「何でもあり」ともいえる様相です。なるほど、これでは社会学の学的性格を一元的に定義するのはほとんど不可能かもしれません。ただ、上記の雑多な専攻領域を包み込む一定の視点があることはわかります。それは、社会学が主として近現代の人間社会を対象にしているということです。そして、近現代の人間社会の何に焦点をあわせてきたかというと、関係性の問題だったということがわかります。すなわち個人と個人との関係、個人と集団との関係、集団と集団との関係を分析叙述すること、それが社会学の研究方法の最大公約数といえるとおもいます。私自身は差別問題とのかかわりで、つねに人間の解放を主題にしてきましたが、私がおもうところ、解放とはすなわち〝関係の解放〟以外のなにものでもないというものであって、とりあえず社会学の原則を踏まえたものになっていた（いる）と信じます。

すでに述べたように、マルクスは自分のことを社会学者とはみていなかったし、ウェーバーは本来的に経済史家であって社会学への言及はさほどおおくはなく、また近年の社会学に爆発的な影響力をおよぼしたミシェル・フーコーは精神医学者・哲学者であったわけで、彼らのすべてはいずれも社会学という学問領域のいわば外側（社会学の在野）で活躍していた存在です。つまり、社会学は他の学問領域を侵略・併合しつつ、他の学問領域からの侵略・併合を歓迎するというスリリングでエキサイティングな性格を本来的にもっているというべきで、その点からしても社会学を厳格な方法論的理論的アプローチの範囲から定義するということは本質的に不可能であるというか、そもそも無意味であることがわかります。

こうした社会学の脱領域性とともに、すでに紹介したような社会学の専攻領域の雑多性といった性格は、実は、独学的在野学の特徴というか、利点でもあって、その意味で社会学は在野学にとって有利な研究分野であると一応はいえるとおもいます。しかも、社会のことなる部分間の関係性の研究として社会学を定義できるということは、とりもなおさず社会学が社会を〝運動〟ないし〝過程〟としてとらえることを意味するわけで、きわめて大雑把な言い方をすれば、現代のこの変化の著しい社会をいきるすべての人びとにとって社会学は、「今・ここ」にたつことによって一定の未来展望を獲得できる一つの手段たりうるようにもおもわれるのです。同時に、社会学が社会を〝運動〟〝過程〟としてとらえるということは、社会学がたえず問題志向型の学問領域であったことを示唆します。社会学者はほぼ一貫して、安定的で秩序だった社会のあれこれの断片にではなく、社会学者が問題だとして定義する分野に関心をひかれてきました。ゆえに社会学は論理必然的に、批判的な学問領域たらざるをえない性格をかなり初期の段階からもっていました。

たとえばの話、米国でも、そして、じゅうぶんに米国化された日本でも、個人的努力やそれによる業績がなによりも重視され、それは自助努力本がよくベストセラーになることにも示されていますが、しかし、それはあまりにも〝個人〟というタームに拘泥しすぎる結果であるとおもわれます。実際、孤立無援の個人などはありえず、個人はすべからく〝関係の函数〟であるとみるのが社会学の基本認識です。自然科学が自然秩序の自然力についての疑問を処理することで発展したように、社会学も人間の社会的秩序の底に横たわっている力（社会力＝social force）についてかんがえるところから始まりました。個人を問題にする場合でも、その個人の行動は、ただ単に個人として精神的・情緒的・経済的にそうあるようになった結果なのではなく、その個人の集団内の成員性、すなわち大きくいえば社会ないし社会力に負っていると社会学はとらえます。むろん、社会力は直接目に見えるものではなく、いうなれば人間の行動からの推論でしかないのですが、思想的ないし理論的に社会力を可視化できる場合があるとすれば、それは社会的秩序の衰弱・崩壊過程においてである、ということはできます。

名著『ホワイト・カラー』で知られる米国の社会学者C・ライト・ミルズは、別のよく知られた著書『社会学的想像力』を「こんにち、人びとはしばしば自分たちの私的な生活には、一連の罠が仕掛けられていると感じている」というフレーズで書きはじめています（鈴木広訳、紀伊国屋書店、一九六五年、三頁）。そして、数行後にもう少し詳しく次のように記述します。「人が罠にかけられているという感じをもつのは、自分の意志でしているつもりの生活が、実は個人の力ではいかんともしがたい全体社会の構造そのものに生じる、さまざまの変化によって支配されているからである。すなわち、個々の人びとの成功と失敗にかんする諸事実が、同時に現代史の諸事実であるといえるのである」（同頁）。

ミルズは、個人的な困難（trouble）と社会問題（issue）とを区別したうえで、しかし、個人的困難というものがおおむね社会問題の具現であるということを指摘しているのです（一九七〇年代以降のフェミニズム言説「個人的なことは政治的である the Personal is Political」もこのことをさしているはずです）。したがって、個人的な困難を減じたり処理したりするには、どうしても社会問題を解決しなければならないのであって、仮に私たちが社会問題に対して怠惰であったりインポテンスを決め込むならば、私たちは個人的困難をもちつづけることをほとんど運命づけられることにならざるをえないという次第です。

それならば、決定的に重要な社会問題理解と克服の鍵は何か。ミルズはそれを〝社会学的想像力〟の駆使にもとめます。ミルズは言います、「社会学的想像力を所有している者は巨大な歴史的状況が、多様な諸個人の内面的生活や外面的生涯にとって、どんな意味をもっているかを理解することができる。社会学的想像力をもつことによって、いかにして諸個人がその混乱した日常経験のなかで、自分たちの社会的な位置をしばしば誤って意識するかに、考慮をはらうことができるようになる。日常生活のこの混乱の内部でのみ、近代社会の構造を探求することができ、またその構造の内部でさまざまな人間の心理が解明される。このような方法によって、人それぞれの個人的な不安が明確な問題として認識され、また公衆の無関心も公共的な問題との関連のなかに設定されるようになる」と（前掲書、六頁）。

私がこの小論の最後にミルズの言説を配置したのは、〝社会学的想像力〟という資質の保有が決してアカデミック・プロフェッショナルにのみ独占されるものではなく、否、独占されるものであってはならないとするミルズの強調点に共鳴したからです。繰り返しますが、社会学的想像力とは、私たち自身の内部や外部世界でおきる事柄を明晰に総括できる精神の資質のことです。この資質についてミルズは、「（この資質は）ジャーナリストや学者、芸術家や公衆、科学者や編集者が、社会学的想像力というものに期待している精神の資質なのである」としるし（同頁）、社会学的想像力を駆使して個人的困難と社会問題とを弁証法的に統一把握することは、官許と在野とを問わず、すべての問題探求者にとっての共通課題であることを主張しているのだとおもいます。逆説的にいえば、社会学的想像力を媒介させることによって、社会学は在野学に、在野学は社会学に、と相互乗り入れや相互互換が可能になるということではないでしょうか。

第6章 「書く」ということ――繋がりのなかで変容を求めて――

1. はじめに

サルトルは、「書く」「語る」という表現行為について、「私は、語ることにおいて、状況を変えようという私の企図そのものを通じて、状況を暴露するのだ。私は、それを変えるために、それを私自身及び他の人々に対して暴露する。（略）今や私は一つの言葉をいう度に状況を自分のものとし、世界に対して私の立場をとるということになる」と記しました（『文学とは何か』加藤周一・白井健三郎訳、人文書院、一六頁）。

上記の言説は、サルトルが一九六四年、『ル・モンド』紙のインタビューで発言した「飢えて死ぬ子どもの前で文学は有効か？」への一定の回答と見做しえます。ここでは、文学という〝虚構の構築〟作業が単に個人救済でしかないのか、それとも状況変革に寄与しうるものなのかが問われているのですが、この問題意識は、必ずしも文学ジャンルにかぎらず、あらゆる表現行為に関して、サルトル時代のみならず現時点においても、真剣に保ち続けねばならぬものだと私は考えています。

私は現在、七四歳。いよいよ確定申告などの職業欄に何も書くことのない境涯に移行しました。次項に記すように、私は昔も今も馬に喰わせるほどの量の原稿を書き続けていて、傍目には「文筆業」に見えるにしても、それに代価が支払われることはむしろ例外ですから、とてもそれを生業（なりわい）などということはできません。

代価を結果するか否かとは無関係に、しかし、「書く」ことを含む表現行為、すなわち言葉というものの目的が「伝達すること」にある以上、それがある種の権力行為であるという問題性を無視することはできません。「伝達すること」は「影響を与えること」だからです。仮に「伝達して影響を与える」事柄に真理が含まれているにしても、M・フーコー流にいえば「真理には権力が伴う」場合があることさえ覚悟しなければなりません。

また、私が主として取り扱う「言葉」があらゆる表現の中核部分にあることは否定できず、その意味では表現における「言葉帝国主義」に無自覚でいることもできません。いわば口舌の徒としての私は、言語表現に優越的な地位を与える言葉帝国主義社会に居住し、居住するばかりではなく、ある程度まで、否、かなりの程度までその補完物になりはてていた（いる）こと、これを否定することはできません。

身振り言語（ジェスチャー）などは苦手中の苦手ですが、しかし、「苦手」などと涼しげに言っていること自体が、ある意味で差別的だと思います。新聞記者をしていた若い頃のある日、重度の言語障害のある脳性マヒの女性を取材していて、「なるほど、欲張りと頑張りか、わかるよ、ぼくにも」などとしたり顔で相槌を打った時、当の障害者は腹を抱えて大笑いしました。よく聞き直してみれば、なんと「欲望と願望」だったのです。言葉に無上の価値をおいていて、これこのとおり、の体たらくなのです。とすれば、言語を媒介させずとも相互作用が成立する関係の位相を夢想せざるをえませんが、現実にはそのような位相が存在するチャンスは狭小だと思います。

本稿では、私が何を書こうとしてきたか、というよりも、それ以前の問題として、書くために何をどのように考えてきたか、そこに焦点を合わせた自分史を部分的に展開したいと思います。私自身の「意味」の体系を変えないで他者の「意味」に接近し、同時に、他者も自己の「意味」の体系を変えないで私の「意味」の体系に接近できるような、途方もなく困難なことながら、おそらくは非常に求め甲斐があるであろう関係性というものを探しての作業です。

2. 個人誌『試行社通信』(月刊)のこと

私が個人紙『試行社通信』(月刊)の発行を始めたのは一九八六年六月ですから、二〇一八年一二月号現在で三二年六カ月にわたって継続してきたことになります。本来なら二〇一八年一二月で第三九〇号となってしかるべきですが、実際には三八六号となっているのは、病気入院や超多忙での休刊が断続的に四回あったからです。それにしても、三二年半でわずか四回しか休まなかったのは、我がこととしても、実に驚愕すべき実績ではないかと自己評価しています。

B四版四頁建て紙面には、毎回、四〇〇字詰原稿用紙換算で約四〇枚分の文字が詰め込まれているので、単純計算すれば、二〇一八年一二月までに約一五、四〇〇枚の原稿をこの個人紙に書き続けてきたことになります。私には三五冊ほどの単著の著書があり（共著を合わせれば五〇冊は超えているでしょう）、その他、膨大な量に達した論文（もどき）や雑文を含めて考えると、私の人生の中核は、まさに「書く」ことに置かれていたことが分かりますし、それが加齢による低能率に悩みつつある今も続いていることになります。

『試行社通信』発行の趣旨について、私は一九八六年六月の創刊号で次のように記しました（括弧内は、現時点における補筆）。

※　※　※

マス・メディアに属するジャーナリストを二〇年もやっていると、時に蓄積疲労を実感します（当時の私は毎日新聞学芸部記者、その後、一九九二年に花園大学文学部に移ります）。何故の疲労であるかはいまひとつ判然としませんが、ある種のマンネリを自覚するということがベースになっているように思われます。マス・メディアにおける私の原稿は大概署名入りなので（当時、署名入り原稿は珍しかった）、発信者としての私の責任は明示されていることになりますが、大媒体であるがゆえの自主（自己）規制が全然ないわけではありません。他の媒体に発表する論文、雑文や著書の場合も、新聞ほどではないにしてもやはり公的なメディアですから、ことは新聞の場合と似ています。どことなく発散しきれないままのマンネリズムといえばよいでしょうか。

だから、ずいぶん以前から、ごく少数の人々を宛名に刻印した極小メディア（個人紙誌）の発行を夢みていたのですが、手書きによる悪筆の恥ずかしさ、それ以上にそれを読まされる他者の迷惑を考えると、踏みきることができませんでした。ところが、悪筆を解決してくれるワード・プロセッサなるものを入手して、この点だけは解決がつくことになり、ともかく個人紙の発行を決意することができたのです。

当面は月一回の割合で通信を出し続けたいと思います。私の時間的能力からしてB四版二枚綴りが限度ですが（五号からは両面刷四頁建てに拡充）、多少はプライベート・タイムを削ってでもやりとげたいと考えます。

試行社は現在のところ、社主である私ひとりの結社？です。社員候補＝『試行社通信』購読者（年間購読料一五〇〇円）になることを希望される方はお申し込み下さい。社主が一応資格審査をしたうえで、多くの場合、社員候補＝『試行社通信』読者としての参加を承認するつもりです（これまで資格審査での不合格者は皆無）。近い将来、研究・実践者集団「試行社」を創設する予定ですが、その時点で、『試行社通信』を私の個人誌から社の機関紙に移行発展させるつもりです（残念ながら、これは現時点でも実現できず、ユメのまま)。

試行社の課題は、「反差別の対抗文化」を徹底的に追求することです。さまざまな反差別の課題をもちより、現代の支配的な文化・価値観を「個別に撃ちつつ共に撃つ」ことによって、新たな文化モデルを模索するというのが社の最低の獲得目標です。そのために、とりあえずはこの『試行社通信』を出し続け、社員が五人以上になれば、定例研究会をもつ予定です(これも実現していません)。また、長期的展望としては、自前の出版活動にも手を出したいと考えています(最初の五年分を五冊の単行本として自費出版しましたが、その後は息切れで途絶えたままです)。

※　※　※

冗談とも本気ともつかぬ創立趣意文ですが、むろん、私は真剣でしたし、今も真剣です。『試行社通信』の購読者は、創刊当初から現在にいたるまで約二〇〇人ですが、これは、私ひとりで発送作業を担ううえでの限度人数です。この間、購読者は相当数入れ替わり、創刊以来の読者はおよそ半分程度になっています。創刊以来、購読者として、あるいは精神的な支柱として、この作業を激励して下さった野間宏、日高六郎、灰谷健次郎、山崎謙、原田伴彦、岡部伊都子などの諸氏はいずれもすでに鬼籍にあります。野間、日高両氏による「試行社通信は立派な公器です」との評価、灰谷氏の「東の本多勝一、西の八木晃介」の評言などがいずれも極度の過褒であることを重々承知しながらも、通信継続へのありがたい励みになったことは確実です。

創刊趣意文に、私は「近い将来、研究・実践者集団〈試行社〉を創設する予定」と記しました。現時点まで、これは見果てぬ夢のままですが、夢を棄てたわけではありません。夢を棄ててはならぬと強く感じたのは、社会学者・見田宗介氏の近著『現代社会はどこに向かうか——高原の見晴らしを切り開くこと』(岩波新書)に接したからです。見田氏は同書の最終章(補章)の、そのまた最後の部分で、次のような純粋に論理的な思考実験を行なっていました。

一人の人間が、一年間をかけて一人だけ、ほんとうに深く共感する友人を得ることができたとしよう。次の一年をかけて、また一人だけ、生き方において深く共感し共歓する友人を得たとする。このようにして一〇年をかけて、一〇人だけの、小さい素敵な集団か関係のネットワークがつくられる。新しい時代の「胚芽」のようなものである。次の一〇年間にはこの一〇人の一人一人が、同じようにして、一〇人ずつの友人を得る。二〇年をかけてやっと一〇〇人の解放された生き方のネットワークがつくられる。ずいぶんゆっくりとした、しかし、着実な変革である。同じような〈触発的解放の連鎖〉がつづくとすれば、三〇年で一〇〇〇人、四〇年で一万人、五〇年で一〇万人…一〇〇年で一〇〇億人となり、世界の人類の総数を超えることになる(一五六 - 七頁)。

これは、純粋な思考実験ですから、現実がこうなる、というものではありません。問題は一人が一人を、という変革の深さにあります。一〇〇年をかければ、人類の総数を変革できるというのです。見田氏は「一華開いて世界起こる。その一つの花が開くときにも、一つの細胞がまず充実すると、他の一つずつの細胞が触発されて充実するという、充実の連鎖反応によって、全体が大きく開く」と結論しました（一五八頁）。

〝一つの華〟の連鎖反応による世界の変革、夢物語と言えばそれまでですが、この夢は私が『試行社通信』にかけてきたそれにかなり痛切にショートするものでもあろうか、と。もともとは、試行社という思想共同体的な学習集団ないしネットワークをつくることを考えていたのですから。まだまだ、見田氏のいう〝充実の連鎖反応〟とまではいきませんが、購読者のなかに、少しずつではあっても、〝充実の連鎖反応〟が生じることがあるのも事実であって、それが通信発行の活力源になっていると思います。

『試行社通信』の目的として、既述のように、当初から「反差別の対抗文化」という文化モデルを模索することを掲げましたが、これは今も変化していません。創刊から数年間の一九八〇年代は部落問題が中心で（私の学生時代からの主テーマで、卒論も部落問題でした）、部落解放同盟と「就かず離れず」のスタンスで〝同伴〟していましたが、その後、視点は拡大・拡散しました。むしろ、部落問題から離れたわけではなく、現に、二〇一六年九月から毎日新聞京都版に隔週連載しているコラムでは、かなり頻回にわたって部落問題に言及しています。ただし、ここ一〇年間ほどの通信を振り返ってみると、沖縄問題、反原発、優生思想（健康幻想）批判、在日コリアン問題、それに広義の反戦・平和の課題などが発信の中心内容になっています。これらのテーマが、当初の目的である「反差別の対抗文化」の模索と構築という作業に深く関連していることは言うまでもありません。

3.「見果てぬ夢」の社会主義

上記『試行社通信』の発行を開始してからの数年間、すなわち一九八〇年代後半は世界史的な疾風怒濤の時代でした。東欧・ソ連の激動的な解体を、私は医学・医療とともに社会科学一般を担当する学芸記者として観察し続けねばならなかったのです。

自分自身が新聞記者であることの自己合理化は、ヘーゲルもマルクスも新聞記者だったという一点に依存するものでした。高校入学早々に六〇年安保闘争に参加した私は、全学連主流派を中心とする国会突入デモを支持し、したがって、その後の在京新聞各社による「七社共同宣言」には失望し、「誰がブル新なんかに就職するものか」と考えていましたが、それを変更させたのが、学生時代に愛読した毎日新聞・大森実外信部長による一連のベトナム戦争報道でした。「新聞記者も闘える」ことをその時実感して方針転換、そして、その後の記者生活を支えたのがヘーゲルとマルクスだったのです。ヘーゲルはブルボン王朝の崩壊を現認して、「世の中には〝変わる〟ということがあるのだ」と実感し、マルクスはそのような実感を実践に結合する唯物弁証法として体系化したのですが、私もまた、世の変化を実感してその変化に自らを投企したいと切実に念じることによって、多くの場合、身過ぎ世過ぎの客観報道に埋没しかねない自分自身の記者生活をなんとか持ち堪えたことを、今もある種の懐かしさとともに鮮明に記憶します。

現在、新聞を含むマス・メディアは総じて苦境にありますが、私の記者時代はこの国の高度経済成長期、新聞記者は文科系出身者にとっては花形職業であり、実際、経済的にも相当恵まれていました。私の気持ちの中では、次のようなサルトルの言葉が沈殿し、それをなかなか拭い去ることができなかったのです。「私という人物を構成していた、明るい、陽の当たった外観自体が、己れを告発していた」(『言葉』白井浩司訳、人文書院、五七頁)。私は学生時代から現在にいたるまで、いかなる政治党派にも所属したことはなく、政治的な行動規範としては、言うなれば日和見的なノンセクトでしたが、思想的にはラディカルにサヨクであり続けたい、と考えていたのは、その理由からでした。それは今も変わりません。

もちろん、ソ連は私の「反帝・反スタ」の考え方に一致する存在ではなく、よりまともな社会主義、人間の顔をした社会主義によって塗り替えられねばならぬ対象でした。初期中国共産党の作風に共感していた私はいわば〝中国派〟であり、現に、毛沢東思想学院（大塚有章代表）の非常勤講師的な役割を担っていましたし、当時、私が同伴していた部落解放同盟内の中国派の人々との親交ももちました（部落解放同盟の当時の主流派はソ連派でした）。

ソ連社会主義の再生を求める人々が来日した時には直接インタビューしたり、その人々が発言する集会を取材したりして、逐一、『毎日新聞』文化面に執筆しました。欧米では一九七〇年代のアルチュセール研究、八〇年代のグラムシ研究を軸に〝マルクス主義ルネサンス〟といわれる社会科学の高陽がみられました。この流れの中で八〇年代後半、もっとも注目されたのがソ連のゴルバチョフが進めたペレストロイカ（たてなおし）でした。たとえば、その頃に来日した政府機関紙『イズベスチア』の政治評論員A・ボービン氏は、「ペレストロイカが成功したかどうかの判断基準は、ソ連から出国するよりも入国したがる人の数が上回る時」と述べ、また、「我々はペレストロイカという名のショウの演出家であり、俳優でもあるが、このショウの結末がどのようなものであるかを知らない」とも述べて、ペレストロイカ支持派であっても、その展望に自信をもてないシニシズムを正直に吐露していました。

ソ連は東欧より少し遅れて一九九一年一二月に崩壊しますが、その一年前にはソ連に社会党が結成されました。これに参加した思想家のボリス・カガルリツキー氏が来日した時に面談しましたが、彼は「ソ連社会の階級的性格を規定する概念はまだない」と言明しました。ソ連・東欧の激変については、「社会主義の崩壊ではなく、スターリン型官僚主義の崩壊」と把握し、「求めるべきは徹底的な民主主義的社会主義」と言いつつ、そのイメージの全体像については「分からない」と率直でした。おそらくは、直接民主主義的な自主管理型社会主義を到達目標にしているように私は受けとめましたが、この社会党も事実上消滅しました。

ソ連よりも早く、より徹底的に社会主義の転換点を疾走したのがハンガリーです。一九八六年には破産法が制定され、企業間競争による倒産と失業者の出現もやむなしとしました。翌八七年には国有の中央銀行を五つの私有銀行に分割民営化し、利潤動機で活動する銀行を生み出しました。さらに八九年には新会社法を制定、従業員五〇〇人以下の私企業の設立も可能としたほか、外資一〇〇%の企業の設立も許可制にしました（外資五〇%以下の企業設立は許可さえ不要）。このようにハンガリーは八〇年代後半、いわゆる混合経済の道を歩みましたが、この路線をハンガリーが「社会主義的市場経済」と呼びならわしていることに、当時の私は目を白黒させるばかりでした。「社会主義」と「市場経済」を「的」によって結合する功利主義への違和感は、却って私の教条主義を嘲笑うかのようでした。政治改革のない経済改革がどのような結果を生み出すかを、ハンガリーは中国の天安門事件から学習したのかもしれません。そのため、政治改革も急進的で、八九年一〇月の党大会では正式にプロレタリア独裁を放棄して複数政党制による議会制民主主義を導入し、憲法を改定して二院制と大統領制を設置したほか、個人の基本的人権を全面的に認めることにしました。私はこの一連の動きを取材しながら、なんとなくハンガリー出身の作曲家バルトークを想起しました。作風はウルトラモダンながら、そこに伝統的な民族音楽を混合させ、相当高度で偉大な新しい音楽を生み出した存在だったからです。

こうした感覚は、八七年夏に毛沢東思想学院訪中団の一員として、初めて訪問した中国での見聞体験から生れたそれに重なります。時代は「改革開放」の鄧小平路線がうちだされた直後の過渡期で、農村部はもちろん都市部でも人民服姿がなおも主流でした。しかし、私たちが面談した張香山・党対外連絡部顧問や韓樹英・党中央党学校副校長＝哲学教授（いずれも当時）といった党幹部や研究者がこぞって「公有制にもとづく計画的商品経済」とか「一国二制度」とか「先富後富論」などと堂々と語るのに驚き、また、社会主義的計画経済においては禁句ともいうべき〝利潤〟概念がしばしば飛び出すのにも面食らいました。ただし、当時はなおも控え目で、張香山氏は利潤の発生を「中国の支払う授業料」と表現し、また、韓樹英氏は「中国に役立つ資本主義のあり方を勉強する」と。九〇年代後半になると、農村部で、スーツやブレザーを着て畑を耕す農民が多数存在するのを目撃して驚愕し、人民服がすでに「土産品」に成り果てていることにある種の感慨をいだかねばなりませんでした。その時点で、すでに毛沢東の肖像画は交通安全の守り札になりはてていました。

ただし、八〇年代後半における中国では、マルクス・レーニン主義とともに、タテマエとしては、なおも毛沢東思想が堅持されていたことも事実です。訪問した東北地方の吉林大学マルクス・レーニン主義教研部でも毛沢東思想の教育と研究に力を入れていて、大学院でも教授一人助教授二人(他に兼任助教授三人)が毛沢東思想を専門に研究していました。ただし、その視点は、毛沢東個人と毛沢東思想とを切り離して後者に力点をおくやり方でした。毛沢東思想の中心軸のひとつに「実事求是」がありますが、前出・韓樹英教授が、「公有制にもとづく計画的商品経済」や「一国二制度」の政策もすべて毛沢東思想の「実事求是」に立脚していると説明した時には、さすがに私も「換骨奪胎的な強弁ではないか」と質問せざるをえませんでした。それらはいずれもマルクス・レーニン主義および毛沢東思想には含まれていず、いかに理論は常に現実によって検証されねばならないにしても、商品経済の導入と競争主義の利用、それに多様な所有形態の是認を毛沢東の「実事求是」に求めることには無理があると思ったからです。

一九八〇年代後半、上記したように、ソ連も東欧も中国も文字どおり〝右往左往〟し続けていました。そうした状況を私は個人紙『試行社通信』ではもちろんのこと、『毎日新聞』文化面(夕刊)においても相当詳細に書き続けました。もちろん、ヘーゲルがブルボン王朝の倒壊を現認したようにではなく、ソ連には一度だけ、中国には何度もでかけたものの、東欧はまったく未経験ゆえ、おおむね国内での作業によってでしたが。確かにヘーゲルのように、「世の中には〝変わる〟ということがあるのだ」という認識をもつことはできましたが、その変化は、当時の私の目には

〝反動〟、もっといえば、〝反革命〟としか映りませんでしたが。

実をいえば、こうした動向を追っていた私自身が〝右往左往〟していたのです。その中で、少し関心をもった存在が、左翼陣営のアングラ的存在ともいうべきA・グラムシでした。グラムシの理論で注目されたのは、周知のように、ヘゲモニー理論であり、〝陣地戦〟といわれる概念でした。政治権力が大衆の同意によって成立しているとすれば、そのような同意を与えている大衆の常識の中に、前衛のヘゲモニーを確立しなければならない、というのがヘゲモニー論の大雑把な内容であり、そのためには、まず市民社会の中で自らの主導権を奪う〝陣地戦〟が必要だという次第です。

いまさらグラムシを引き合いに出してもどうなるものでもありませんが、しかし、私自身の長年の問題意識につながる部分もあり、グラムシについても何度か個人紙のほか『毎日新聞』にも執筆しました。たとえば、グラムシにとってのイデオロギーとは、日常生活世界から疎遠な抽象的なものではなく、人々の考え方、信念のもち方、感情の捉え方等々が錯綜して結合した具体的な実現としてとらえられるものです。もちろん、文化や哲学、世界観などもそれに含まれます。そして、グラムシの根本命題は、労働者階級が資本主義社会構成の中で、政治的に支配階級になる前に、文化的にヘゲモニーを獲得することができるという発想にあります。すなわち、人民が人民のために（自分自身のために）敵と闘おうとするに先立って、支配的なイデオロギーに対抗する新しい自分自身のためのイデオロギー（文化、生活様式、信念体系、世界認識など）を発展させ身につけるように武装しなければならない、というわけです。というのも、支配は被支配集団の同意のうえに成り立っており、そのような同意を取り付けようとするイデオロギー装置が〝敵〟の論理によって組み立てられ、網の目のように張りめぐらされている以上、そうした同意を与えている人民の中に、異議申立てのための前衛的なヘゲモニーを確立しなければならないからです。

市民社会の中で自らの主導権を奪いとる〝陣地戦〟の現場として、私としては、部落解放運動、女性解放運動、障害者解放運動、少数派労働運動、反原発運動、反基地運動を想定し、そこを軸にしながら個人紙や新聞で私の主張を書き続けてきたという実感があります。それにしても、個人紙はともかく、マス・メディアたる『毎日新聞』が、上記したような社会主義への思い入れたっぷりの原稿をよくも掲載してくれたものだと今にして思います（むろん、記事はすべて責任が私に帰属することを示す「署名入り」でしたが）。

4.「見果てぬ夢」の次の夢は個人的コミュニズム

一九八〇年代後半から九〇年代初頭にかけての疾風怒濤のような社会変動（反動・反革命）は、科学技術と資本主義の連動的な脱皮運動のダイナミクスの前では、半ば必然的に起こりうべくして起こった事態だったといえるかもしれません。社会主義の側は、強靱な資本主義への対抗軸をなにひとつ準備することができませんでした。私自身も右往左往するばかりでしたが、それまでとはいささか異なる観念のもとに、ややオルタナティヴな見通しを見つけだしつつもありました。

　その契機は、実に瑣末なことながら、一九八四年に新潮社から出版された安部公房の『方舟さくら丸』を読んだことでした。この作品のプロローグ部分に、〝ユープケッチャ〟という奇妙な昆虫が登場します。この小説の主人公は元カメラマンですが、現状の外見においてはほとんど引き籠もり同然の生活をしながら、実は世界滅亡の危機に備えて、地下の巨大な採石場跡に現代の方舟ともいうべきシェルターを作っています。時々シェルターから出ては、一緒にシェルターで暮らせる資格のありそうな人物を探索している途上で、何人かのそれらしき存在に遭遇します。そのうちの一人が、このユープケッチャという昆虫を売っている元自衛隊員の昆虫屋。

　このユープケッチャは、いうなれば完全閉鎖生態系の象徴ないし省エネの権化のごとき存在です。ずんぐりした黒い体に茶褐色の縦縞模様。おのれの出した糞を餌に生きている。自分の糞が餌だからまったく移動する必要がなく、それゆえに四肢はまるっきり退化しています。なぜ自分の糞が餌になりうるかというと、食べるスピードが極端に遅いので、その間に糞に繁殖したバクテリアが養分の再生産をするという仕組み。船底型にふくらんだ腹を支点に、長くて丈夫な触角をつかって体を左に回転させながら食べ、食べながら脱糞しつづける。夜明けとともに食べ始め、日没とともに食べ終わるという生活です。

　私には、このユープケッチャのイメージだけがなぜか今もなまなましく鮮明に頭のなかに残っています。自分の糞を餌にして生きるという閉鎖循環の妙が印象的だったという感じです。おのれの生をまっとうするために、他の動植物をふくむ一切のものを犠牲にしない生き方など、現実には、ありうるわけもない。あるとすれば、ユープケッチャ方式なんでしょうが、そのユープケッチャにしてからが、糞の栄養を豊富化してくれるバクテリアの働きなしには生き存えることはできません。

　そのような徹底した閉鎖生態系なるものが一種のイリュージョンでしかないことは自明ながら、ユープケッチャ的な生き方（生きているといえるのかどうか、少々微妙ですが）、それにひきつけられる部分があるのは確かです。だがしかし、ひきつけられる部分があっても、それは所詮ロマンでしかない。

　ニーチェは『善悪の彼岸』のなかで、生きることとは、自然とは別様に存在しようと欲することではないのかと問い、「生きるとは評価すること、選び取ること、不正であり、制限されてあり、差別的（関心的）であろうと欲することではないのか」と述べています（岩波文庫版、二三頁）。近代以降を生きるとはそういうことであって、だからこそ近代以降は批判的に考察されねばならない、このことはいうまでもありません。

この国の現状が「衰退途上国」以外のなにものでもないことは確かでしょう。この国が今後どこまで衰退するのかはわかりません。また、衰退を高齢化の中の人口減少とかGDPの縮小といったレベルでのみ捉えてよいのかどうかもわかりません。もっと思想的に、そして文化的にかんがえることも必要になるのではないか。衰退途上国の衰退途上人間＝私としては、そのように主張せざるをえません。

ユープケッチャのような自己完結型の生き方は、私たちには到底なしえないところのものです。しかし、考えてみれば、それに比較的近い生き方を五〇年ほど前までしていたのではなかったか。かつて小学校四年生まで暮らしていた滋賀県栗太郡瀬田町大江字天の川（現・大津市瀬田大江町）では戦後しばらくの間、つまり、友禅染関係の職人だった父親の仕事が復活するまでの間、米以外はおおむね自給自足の生活でした。水田を借りられなかった我が家で米を自作するのは無理でしたが、それ以外の野菜・果物等は、借用した畑でほぼ完全にまかなうことができていたと記憶します。肥料は家族の糞尿で十分。それでも糞尿には余剰がでて、それを近隣の農家が買い取ってくれました。糞尿が、わずかとはいえお金になることに奇妙な感覚をおぼえたものですが、ともかく食べたものの残滓ともいうべき糞尿が次に食べるべきものの肥料になるという、そういう循環にある種の感動をおぼえました。ユープケッチャのように自分の糞を食べていたわけではないが、それにかなり類似のことをしていたのは事実でした。

いま必要なことは、状況の衰退過程をしずかに受容する、その心の準備をすることでしょう。経済成長には意味がなかったことについての冷静な総括と分析も重要になります。経済成長は工業や情報産業の発展であって、農林水産業といった第一次産業は崩壊寸前、結果、食糧自給率が四〇％あるかないかという事態に突入しています。お金は一定あっても実質的に食うものがない、それも衰退途上国の現実の姿です。やがて、米国や中国から入ってくる添加物まみれ、遺伝子組み換えの食品さえも輸入できなくなる、そういう近未来の出現が目に見えているのです。ただし、いわゆる農本主義の復活ではミもフタもない話になるわけで、農林水産業を軸にした新たにエコロジカルな生命観とかオルタナティヴなコミューンの創出につながるような発想も必要になるのではないか。

『広辞苑』（岩波書店）も『大辞林』（三省堂）も、さらに『社会学事典』（弘文堂）も「コミュニズム」を「共産主義」と訳していますが、私は、本項冒頭で記した私が展望するオルタナティヴ・イメージと関連して、二〇〇〇年以降、一貫して「コミュニズム」を「共同（体）主義」と訳して記述してきました。というのも、私は社会主義・共産主義を、自由に集まった人々の自由な生活として理解してきたからです。

私は、個人レベルの解放モデルとして、たとえば文化人類学者ヴィクター・ターナーの「コミュニタス」モデルや、哲学者マルティン・ブーバーの「我と汝」モデルに注目し続けてきました。

前者「コミュニタス」はコミュニティではありません。固定された共同体ではなく、また、規範的な生活の場でもなく、構造というよりはむしろ反構造の中で生みだされるものとされます。私は以前、「コミュニタス」を一種の理念型と見做していましたが、二〇〇〇年以降、つまり、コミュニズムを「共同（体）主義」と訳すようになってからは、それを単なる理念型ではなく、実在する、少なくとも実在すべき過程と考えるようになりました。コミュニタスの社会学的な次元とは、ターナーによれば、「人びとがお互いに〈全的な人間〉として出会うコミュニタスの次元であり、人びとは、役割を演ずるものとして出会うのではなく、同じ人間らしさを分かちもつ全人的な存在として出会う」のです（『象徴と社会』梶原景昭訳、紀伊国屋書店、四九頁）。

ターナーのいう反構造としてのコミュニタスは、ブーバーにおける「我と汝」にほぼ対応しています。ブーバーは、「我‐汝」と「我‐それ」という二つの根源語を呈示し、それぞれに対応する世界を、「我‐汝」に照応する人格共同体と、「我‐それ」に照応する他者を自己の手段とみなす集団的社会として説明します。そしてブーバーは、「我‐汝」の世界が築く真の共同体について、「すべての人びとが一つの生ける中心に対して相互関係のなかに立つということと、そして彼らどうしがたがいに生ける相互関係の中に立つということによって（真の共同体が）成立する」というのです（『我と汝・対話』田口義弘訳、みすず書房、五頁）。私は、これらの言説をベースにおいてものごとを考え、日常生活をととのえながら、ついに絶対他力の親鸞思想に接近していくのですが（拙著『親鸞・往還廻向論の社会学』批評社、二〇一五年）、親鸞については、ここでは省略します。

マルクスと毛沢東から出発し、ターナー、ブーバー、さらには親鸞にいたる私の遍歴、というよりも紆余曲折は、私自身の内部に巣くう〝古いもの〟の点検作業であったのかもしれません。かつて哲学者・梅本克己氏は「寛容とは、この人間解放の過程において、さまざまなふるいものをせおってこの道をすすむわたしたち人間同士の互いのいたわりと激励を可能にするもののことである」と記しました（『唯物論と主体性』現代思潮社、二五五頁）。これは共産主義者の寛容についての記述ですが、共産主義者とはいえない心情サヨクの私を励ますものでもありました。

私は、結局、これまでのところ、もろもろの欠如の中にあって自分の他者を求めてきたことになるのですが、そのように言う時の「他者」、これが私の言うところの「思想」であったと総括しています。というのも、私の「思想」を決定するものは、いつだってそこで求められている「他者」の性質だったのですから。思想の世界で最後の最後まで人間を頑張り抜かせるもの、それはやはり、このような意味での「他者」であるにちがいないのです。

人間はすべて「意味」をもって生きており、「意味のある世界」を生きています。だからこそ、私は他者の「意味」に接近できるのです。対面的状況において他者が如何なる存在であるかは比較的了解しやすいが、自分が何者であるかは意外に分かりづらい。そこで自分を知るために、自分をあたかも他者であるかのように見立てて、つまり自己をある程度まで客観的に対象化して自分を理解しようとします。換言すれば、自分自身との相互作用をつうじて自己を再定義しようとするのですが、その作業はいつも想像力としての「言葉」を通して行なわれます。想像力に力能があるのはそのためです。想像力があるゆえに、私たちは対面的状況から離脱・分離していても、眼前には不在の他者と相互作用を営むことができるのであって、こうした営みの総体を、私としては、「意味」として定義したいのです。

「意味」には自明化された意味と、そうではない意味とがあると思います。個人の生活世界の内部にセットされていない意味というものに接近する時には、接近する自分自身の認識地図を拡大する必要があります。つまり、発見した新しい領野を解釈する新しい方法を発見しなければならないわけです。しかし、大概の場合、解釈というものは一種の「組み入れ」であって、私は私自身の経験の古いものと関係づけることで新しいものを解釈できると思い込んできました、まるで野壺に嵌まり込むかのように。

誰でも、ひとりで孤立している時には、確実に消耗します。それは、ひとりだけの認識や解釈や判断が客観化されにくいがゆえに、偏見に陥りやすいからです。討論がいつも真理の発見を保証するわけではないにしても、討論なしに真理に近づこうとすれば法則的に独善に陥ることになりましょう。この意味での討論に意味のある通路を与えるものが思想・表現の自由であると、さしあたってはとらえておきたいと思います。

複雑化しているメディア世界にあって、私たちのコミュニケーションは相当程度まで閉塞させられているのですが、しかし、だからこそ、私（たち）は私（たち）自身の自主性と創造性を信じて、「交信の主体」として自分自身を作り直したい、これが切実な願いなのです。民衆表現としての対抗軸が必要です。現在、右翼雑誌が横行していますが、このような文化帝国主義の代行者のような表現を徹底して拒否しながら、私（たち）が表現の主体として生き返ること、つくられた作品を享受するだけではなく、作品の創造過程を共有すること、創造の場それ自体を創造すること、それらが肝要ではないかと考えます。むろん、人間の疎外や差別とたたかう表現は、たたかう表現それ自体を非人間的な疎外や差別から守らねばならないこと、いまさら強調するまでもないことです。

5. おわりに

表現（私の場合は、おもに書くこと）がもつ権力性を自覚しながら、なお表現する（書くこと）に執着するのは、表現する（書く）ことが常に一方的な意味の行使であるとは限らないと信じ、私としては双方向的な影響の往来を期待するからです。私の表現がなにかの影響力をもったと思われた時には、おおむねその影響力に私自身が感応する時です。私が表現するということは、私が私自身を対象物に変える準備をするということです。サルトルは、「みんなは隣人や神のために書く。だが私は、隣人を救う目的で、神のために書く決心をした」と記しています（『言葉』白井浩司訳、人文書院、一二四頁）。南アフリカで黒人意識運動を組織して闘ったスティーヴ・ビコも一定サルトル的であって、『俺は書きたいことを書く』（峯陽一訳、現代企画室）はその具体的表現だったからこそ、彼は獄中で拷問死しなければならなかったのです。しかし、私の場合、神のためでも、隣人を救うためでもなく、まずは私自身が救われるために書いているのだと感じます。私の呼びかけに遠方から応答してくれる人びとの存在が私にとっての救済なのだと信じます。煩悩具足の凡夫の典型存在でありながら、私は「弥陀の本願」さえ知らないのですから。

私には、やはり、「文化帝国主義」に反対したい衝動が強くあると思います。支配的な表現の中に身をおくのではなく、私自身の対抗的な表現を是非とも手中におさめたいという希望があります（新聞記者時代に個人紙『試行社通信』の発行を始めたのもそのためです）。この欲求は少々強迫観念のレベルに達していて、時に反省的にもなりますが、にもかかわらず、この欲求を抑えることは困難ですし、時には抑える必要もないと居直ることさえあります。

私が私を文化の作り手（創造の主体）として再発見して自立すること、それを私としてはさしあたり最重要視したいのです。私が自分の肉声を発して、自分自身をアクターとして表現すること、それは実のところ、楽しい作業でもあるのです。作られたものを享受するだけではなく、創造過程に身をおきつづけ、そのことによって創造それ自体をわがものとすることが大切なのです。

私には私自身の「意味」がありますし、その「意味の場」があります。人は誰でもそのような意味のある世界を生きると同時に、他者の「意味」にも接近できるのです。それが、いわば「人間性」成立の本質的な契機ないし根拠であると思います。そのような「意味」の接近と衝突を私は執拗に求め続けたいと思います。私に必要なものは、言葉の真の意味での「革命」です。私にとっての革命は、単に政治権力の交代といった矮小化された次元の問題ではなく、フランツ・ファノンを真似て言えば、Re-evolution、すなわち、進化的に自己の発展を強力におしすすめ、自己変革し、再生させる過程（自己解放の過程）をさして「革命」と呼ぶのです。どのような意味においても、隷属と逼塞を拒絶し、たえず等身大の自分を意識する文化性の獲得過程でもあります。そうした私自身の自己変革が、見田宗介氏のいう「触発的解放の連鎖」に連結するであろうと、これからもユメを見ながら書き続けることでしょう。

文献

第1章

吉本隆明『言語にとって美とはなにか』全二巻勁草書房、一九六五年
J・P・サルトル（加藤周一訳）「書くとはどういうことか」加藤・白井健三郎共訳『文学とは何か』人文書院、一九六二年
K・マルクス（武田隆夫ほか訳）『経済学批判』岩波文庫、一九五六年
J.L.Hocker &W.W.Wilmot.1985.*Interpersonal Conflict*,2nd ed.,Wm.C.Brown Pub.
S・I・ハヤカワ（大久保忠利訳）『思考と行動における言語』第二版、岩波書店、一九六六年
廣松保『もの・こと・ことば』勁草書房、一九七九年
G・Hミード（稲葉三千男ほか訳）『精神・自我・社会』青木書店、第一版第九刷、一九八四年
中村雄二郎『現代情念論・人間を見つめる』新装版、勁草書房、一九八〇年
A・ヒトラー（平野一郎・将積茂共訳）『わが闘争』上巻、角川文庫、一九七三年
E・フロム（日高六郎訳）『自由からの逃走』東京創元新社、第二四版、一九六五年
赤木智弘「31歳、フリーター。希望は、戦争。」『論座』朝日新聞社、二〇〇七年一月
E・モラン（杉山光信訳）『オルレアンのうわさ』みすず書房、第二版新装第一刷、一九九七年

G・W・オルポート&L・ポストマン（南博訳）『デマの心理学』岩波現代叢書第一九刷、一九七六年

第2章

Judith Butler,1997,*Excitable Speech.* N.Y. Rutledge

T・W・アドルノ（田中義久他訳）『権威主義的パーソナリティ』青木書店、一九八〇年

Jack McDevitt, Jack Levin, and Susan Bennett. 2002. "*Hate Crime Offenders: An Expanded Typology.*" Journal of Social Issues 58(2)

E・フロム（日高六郎訳）『自由からの逃走』東京創元新社、第二四版、一九六五年

G・H・ミード（稲葉三千男ほか訳）『精神・自我・社会』青木書店、第一版第九刷、一九八四年

H・ブルーマー（後藤将之訳）『シンボリック相互作用論・パースペクティヴと方法』勁草書房、一九九一年

木村草太「死刑違憲論を考える・〈存在してはならない生〉の概念」雑誌『世界』二〇一八年九月号、岩波書店

八木晃介『差別意識の情況と変革』解放出版社、一九八二年

第3章

G・ジンメル（居安正訳）『社会学――社会化の諸形式についての研究』下巻、白水社、一九九四年
八木晃介『差別のなかの女性』三一書房、一九七八年
見田宗介・栗原彬・田中義久編『社会学事典』弘文堂、一九八八年
自民党『日本国憲法改正草案』、二〇一二年
読売新聞社『憲法改正二〇〇四年試案』、二〇〇四年
産経新聞社『国民の憲法要綱』、二〇一三年
星野昭吉「国際政治における現代国家論」、河原宏編著『現代日本の共同体』第五巻「国家」、学陽書房、一九七三年
C・ベイ（内山秀夫ほか訳）『解放の政治学』岩波現代選書、一九八七年
F・ニーチェ（木場深定訳）『道徳の系譜』岩波書店、一九五九年
M・ヴェーバー（清水幾太郎訳）『社会学の根本概念』岩波文庫、一九七二年

第4章

石川准『アイデンティティ・ゲーム――存在証明の社会学』新評論、一九九二年
M・ダグラス（塚本利明訳）『汚穢と禁忌』思潮社、一九八五年

G・ジンメル（居安正訳）『社会学——社会化の諸形式についての研究』下巻、白水社、一九九四年
清水寛「発達保障運動の生成と全障研運動」、田中昌人・清水寛編『発達保障の探究』全障研出版部、一九八七年
篠原睦治『〈障害児の教育権〉思想批判——関係の創造か、発達の保障か』現代書館、一九八六年
福島智「〈発達の保障〉と〈幸福の保障〉——障害児教育における〈発達保障論〉の再検討」、首都大学東京リポジトリ『教育科学研究』第一〇号、一九九一年
楠敏雄『「障害者」解放とは何か——「障害者」として生きることと解放運動』柘植書房、一九八二年
I・イリッチ（金子嗣郎訳）『脱病院化社会：医療の限界』晶文社二刷、二〇〇一年
T・パーソンズ（佐藤勉訳）『社会体系論』青木書店第一版第一七刷、一九九七年
Kanner, L.,1943, *Autistic Disturbances of Affective Contact*, Nervous Child, 2
坂爪一幸「発達障害の増加と懸念される原因についての一考察——診断、社会受容、あるいは胎児環境の変化」、早稲田大学教育総合研究所紀要『早稲田教育評論』第二六巻第一号、二〇一二年
向谷地生良・伊藤伸二『吃音の当事者研究——どもる人たちが〈べてるの家〉と出会った』金子書房、二〇一三年
K・マルクス（村田陽一訳）『賃労働と資本』国民文庫版、一九五六年
P・フレイレ（小沢有作ほか訳）『被抑圧者の教育学』亜紀書房、一九七九年

伊藤伸二編『吃音者宣言・言友会運動十年』たいまつ新書、一九七六年
石川憲彦『治療という幻想――障害の医療からみえること』現代書館、一九八八年
E・フロム（佐野哲郎訳）『生きるということ』紀伊國屋書店二一刷、一九八七年
八木晃介「〝こころ〟と〝からだ〟に関する仏教社会学的人権論・序説」、『人権教育研究』第二四号、花園大学人権教育研究センター）、二〇一六年
伊藤伸二『新・吃音者宣言』芳賀書店、一九九九年
多田富雄『免疫の意味論』青土社、一九九三年
H・T・エンゲルハート（加藤尚武・飯田亘之監訳）『バイオエシックスの基礎づけ』朝日出版社、一九八九年
J・M・メッツル＆A・カークランド編（細澤仁ほか訳）『不健康は悪なのか――健康をモラル化する世界』みすず書房第二刷、二〇一六年

第5章

礫川全次『独学の冒険・浪費する情報から知の発見へ』批評社、二〇一五年
K・マルクス（村田陽一訳）『賃労働と資本』国民文庫版、一九五六年
八木晃介『差別糾弾・その思想と歴史』社会評論社のち批評社、一九七六年

A・ギデンズ（松尾精文ほか訳）『社会学』改訂新版、而立書房、一九九三年
八木晃介『部落差別のソシオロジー・解放理論の脱＝構築のために』批評社、一九九四年
G・ジンメル（居安正訳）『秘密の社会学』世界思想社、一九七九年
森田洋司・清水賢二『いじめ・教室の病い』金子書房、一九八六年
G・ジンメル（居安正訳）『社会学——社会化の諸形式についての研究』下巻、白水社、一九九四年
八木晃介『〈排除と包摂〉の社会学的研究・差別問題における自我・アイデンティティ』批評社、二〇〇〇年
阿閉吉男『ジンメルとウェーバー』お茶の水書房、一九八一年
C・W・ミルズ（鈴木広訳）『社会学的想像力』紀伊国屋書店、一九六五年

第6章

安部公房『方舟さくら丸』新潮社、一九八四年
S・ビコ（峯陽一訳）『俺は書きたいことを書く』現代企画室、一九八八年
M・ブーバー（田口義弘訳）『我と汝・対話』みすず書房、一九七八年
見田宗介『現代社会はどこに向かうか——高原の見晴らしを切り開くこと』岩波書店（岩波新書）、二〇一八年

F・ニーチェ（木場深定訳）『善悪の彼岸』岩波書店（岩波文庫）、一九七〇年
J・P・サルトル（加藤周一・白井健三郎訳）『文学とは何か』人文書院、一九六二年
J・P・サルトル（白井浩司訳）『言葉』人文書院、一九六四年
V・ターナー（梶原景昭訳）『象徴と社会』紀伊国屋書店、一九八一年
梅本克己『唯物論と主体性』現代思潮社、一九六一年
八木晃介『親鸞　往還廻向論の社会学』批評社、二〇一五年

あとがき

私にとっての「言葉」とは、いわば「故郷」のようなものです。社会学者A・シュッツは「故郷」について次のように記しています。「ある詩人は〈故郷とは人がそこから出発するところである〉と述べている。またある法律学者によれば〈故郷とはそこを離れているときに帰ろうと思う場所である〉とされる」と（中野卓監修・桜井厚訳『現象学的社会学の応用』お茶の水書房）。

つまり、「故郷」は、出発点であると同時に帰着点でもあることになります。本書においても展開したように、私はこれまでほんとうに多くの「言葉」を発し、また書き記してきました。いわば「口舌の徒」としての私の自分史が、「言葉」を発したり書き記したりするところから出発し、「言葉」を発し、また書き記すところに帰着するという、そのような日常生活のなかで作り上げられてきたといっても決して過言ではありません。

しかし、「言葉」が思想を担い、思想が「言葉」を要求する以上、実際のところをいえば、私の「言葉」に出発点も帰着点もあるはずがないのです。それにもかかわらず、私は常に「故郷」、すなわち出発点および帰着点を求めてきたのです。ありていに言えば、ようやく帰着点に到達したと思っていたらば、それは単なる小さな通過点にしかすぎず、否、通過点でさえもない次なる、または元々の出発点でしかないことを思い知らされるということの繰り返しでありました。いうなれば私の「故郷」は見えているのに見えず、結局、見えているかにみえて実は見えないものを求めていつも彷徨をくりかえしているだけのようにも感じられるのです。せめてこの彷徨がある程度まで弁証法的なものであれば多少は救われるような気もするのですが、七五年の生涯を振り返って、そのような満足感を得たことはあまりありません。

本書は、本来的に私の出発点であり帰着点であるはずの「故郷」、すなわち「言葉」の理解をめざして、この二～三年の間に書き継いできた論考ないし想念から成り立っています。弁解するわけではありませんが、なにせ出発点も帰着点もさだかならぬ彷徨途中の「言葉」論なので、全体としてまとまった仕事になっているとは到底言えません。帰着点にはまだまだ距離があり、というよりも、帰着点があるのかどうかも分からぬままに出発して道に迷っているというところが真相かも知れません。

だが、しかし、出発してしまったことは間違いありません。要するに、「まっすぐな道でさみしい」（種田山頭火）のだけれども、そして、「どうしようもない私が歩いている」（同）のだけれども、できることなら私の歩みは、せめて「また一枚脱ぎ捨てる旅から旅」（同）のようでありたいと念願するものです。浄土真宗の宗祖・親鸞は、実に七〇歳をすぎてから九〇歳での示寂までの間に膨大な著作を遺しました。種田山頭火流にいえば、「分け入つても分け入つても青い山」

の心境だったかも知れません。私もまた、一応は出発してしまった以上、帰着点があってもなくても、歩み、そして進み続ける以外にありません。今後、著書という形で物質化できるか否かは不明ですが、「言葉」という「故郷」をめざす心意気に変化はありません。

本書におさめた論考ないし想念の初出を記しておきます。

第1章　言語にとって醜とは何か（『人権教育研究』第二六号、花園大学人権教育研究センター、二〇一八年三月）
第2章　ヘイトスピーチの社会心理学（『人権教育研究』第二七号、花園大学人権教育研究センター、二〇一九年三月）
第3章　「国権」対「人権」の言説状況（『人権教育研究』第二三号、花園大学人権教育研究センター、二〇一五年三月、原題は「〈国権 Versus 人権〉の現況を考える」）
第4章　吃音についての人権論（『人権教育研究』第二五号、花園大学人権教育研究センター、二〇一七年三月）
第5章　在野学から見える社会学の言語表現（礫川全次編『在野学の冒険』批評社、二〇一六年五月、原題は「在野学としての〝社会学〟」）
第6章　「書く」ということ（『社会臨床雑誌』第二六巻第三号、日本社会臨床学会、二〇一九年三月）

今回も批評社に出版の労をとっていただきました。批評社から出していただいた私の単著の書物が本書で二〇冊（増補改訂の二冊を含む）に到達しました。私の全著書の半分以上を占めることになります。出版不況きわまる状況において、出発はしても到達点が不明な私の作業を助力して下さった批評社に深甚の謝意を表するものです。ありがとうございました。

二〇一九年七月

祇園祭のお囃子を遠くに聞きながら、京都・三条柳馬場の自宅勉強部屋にて

八木　晃介

著者略歴

八木晃介（やぎ・こうすけ）
1944 年　京都市に生まれる
1967 年　大阪市立大学文学部（社会学専攻）卒業
1967 ～ 1991 年 毎日新聞記者（千葉支局、東京・大阪両本社学芸部）
1992 年　花園大学文学部教授・同学人権教育研究センター所長
2015 年　花園大学名誉教授　現在にいたる
［著書］
『親鸞　往還廻向論の社会学』『右傾化する民意と情報操作』『優生思想と健康幻想』『差別論研究』『健康幻想の社会学』『〈差別と人間〉を考える』『〈癒し〉としての差別』『排除と包摂の社会学的研究』『部落差別のソシオロジー』『部落差別論』『現代差別イデオロギー批判』（以上、批評社）、『差別表現の社会学』（法政出版）、『「生きるための解放」論』（三一書房）、『差別意識の社会学』（解放出版社）、『差別の意識構造』（解放出版社）、ほか多数

ＰＰ選書
ヘイトの言葉はこうしてつくられる

2019年9月25日　初版第1刷発行

著者……八木晃介

装幀……臼井新太郎

発行所……批評社
〒113-0033　東京都文京区本郷1-28-36　鳳明ビル201
電話……03-3813-6344　　fax.……03-3813-8990
郵便振替……00180-2-84363
Eメール……book@hihyosya.co.jp
ホームページ……http://hihyosya.co.jp

·印刷……㈱文昇堂＋東光印刷
·製本……鶴亀製本株式会社

乱丁本・落丁本は小社宛お送り下さい。送料小社負担にて、至急お取り替えいたします。

ISBN978-4-8265-0704-2　C0036